キラキラにかがやく
宝石おりがみ

宝石監修／KARATZ
協力／東京大学折紙サークル・Orist

宝石みたいな
アイテムが作れる

キラキラのかみ、透明のかみ…。
いろいろなかみで楽しんで！

日本文芸社

Contents

この本の使い方 ………………………… 3
この本のおもなおり方 ………………… 4

Part 1

おりがみで作れる宝石たち

💎 Symbol 1　永遠のかがやきをとじこめた宝石 ……… 6
💎 Symbol 2　光の反射が美しい宝石 ………………… 12
💎 Symbol 3　結晶感あふれるスクエアな宝石 ……… 18
💎 Symbol 4　星と花、ハートの形の宝石 …………… 24
💎 Symbol 5　中から光らせて楽しみたい宝石 ……… 32
💎 Symbol 6　いろいろな形の原石たち ……………… 42
💎 Symbol 7　海の宝石たち …………………………… 56

Part 2

作った宝石をかざる・使う

💎 Scene 1　きらきらの指輪を楽しむ ………………… 66
💎 Scene 2　光にかざして部屋をいろどる …………… 72
💎 Scene 3　首かざりでドレスアップ ………………… 76
💎 Scene 4　大きな宝石でごほうび！ ………………… 83
💎 Scene 5　宝石おりがみでおくりもの ……………… 86

ふつうのおりがみでも美しい宝石が作れる！ ……… 64
この本の作品で使っているかみのリスト ……………… 94

宝石おりがみの作り方を紹介するページには、実際におっているようすが見られる動画のQRコードがあります。スマホを使って見てみましょう。

◆この本で説明しているおり方と、動画のおり方は異なるところもあります。
◆この本の宝石おりがみの名前と、動画のタイトルは異なります。

宝石ノート

#1　ダイヤモンド／ベリル ………… 11
#2　サファイア／アクアマリン …… 17
#3　エメラルド／アイオライト／
　　ムーンストーン／ペリドット …… 22
#4　トパーズ／シトリン／ルビー／
　　トルマリン／ローズクォーツ …… 29
#5　フローライト／オパール ……… 41
#6　カルサイトの原石／
　　アメシストの原石／ジルコンの原石／
　　砂漠のバラ／ダイヤモンドの原石
　　／スピネルの原石 ……………… 53
#7　真珠／珊瑚 …………………… 63

TOPICS
日本を代表する宝石のまち・甲府 …… 31
薗部式ユニット …………………… 35

「宝石ノート」の見方

宝石おりがみの作品に関連する宝石を紹介しています。

カラーバリエーション
色のバリエーションがある宝石は、次のアイコンで示しています。

🔶赤／🔶オレンジ／🔶黄／🔶緑／🔶青
🔶紫／🔶ピンク／◇黒／🔶茶／🔶グレー
🔶ゴールド／🔶カラーレス／🔶白

傷つきにくさ
ひっかいたときの傷のつきにくさを表す「モース硬度」の数値を10段階の★で示しています。数値に幅がある宝石は、下限を★にしています。

割れにくさ
衝撃に対してどのくらい強く、割れにくいかを示す宝石の「靱性」のデータをもとにして、5段階の★で表しています。

この本の使い方

この本で使うかみ、おり図の記号、道具について説明します。

✧・ おりがみのサイズ ・✧

一般的な15cm角のおりがみを使用しています。そのほかのサイズでおる場合は、各宝石おりがみのおり方を紹介するページのステップ**1**で示しています。

✧ 使うおもな道具 ✧

ハサミ
おりがみに切り込みを入れたり、切り取るのに使います。

のり
かみとかみをはり合わせるのに使います。

カッター
カッターマットと定規も使用。かみをまっすぐに切れるので、おりがみを小さなサイズにするときに向いています。

両面テープ
パーツとパーツをつなぎ合わせるときや、作品のカドを整えるときに便利です。

✧・ おり図の記号 ・✧

〈谷おり〉― ― ― ―

点線で手前におります。

〈山おり〉・―・―・―

点線でうしろにおります。

〈おりすじ〉

一度おりがみをしっかりとおってから、もとにもどすとのこるおり目がおりすじ。おるときの目印の線になります。

〈うらがえす〉

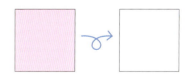

おりがみをうらがえすという意味の記号。

〈切る〉

太線のところをハサミ、またはカッターで切ることを表す記号。

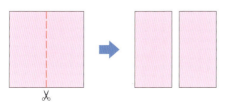

〈等分記号〉

○と○が同じ大きさということを表す記号。

3

この本のおもなおり方

この本の宝石おりがみを作るのに知っておきたい、おもなおり方を説明します。

✧・だんおり・✧

はじめに谷おり線でおり、山おり線でおりかえし、段のようにします。

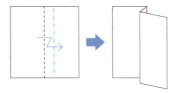

✧・じゃばらおり・✧

谷おりと山おりをくりかえし、じゃばらのような形にします。

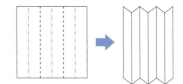

✧・なかわりおり・✧

おり線どおりに山おりにし、外がわのおり目を谷おりにするようにして、中に入れ込みます。

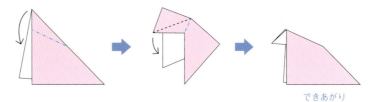

できあがり

✧・かぶせおり・✧

おり線どおりに谷おりにし、外がわのおり目も谷おりになるようにして、かぶせます。

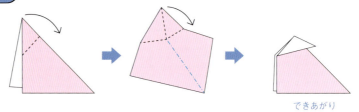

できあがり

✧・開いてつぶすようにおる・✧

おり線どおりにおって、山おり線のあたりをふくらませます。

ふくらませながら、★のカドを☆に合わせます。

カドを合わせてたいらにし、おりつぶします。

✧・しずめおり・✧

しずめる高さで谷おりし、かみを広げます。

四角のわくは山おりにし、わくの中は山・谷を入れかえます。

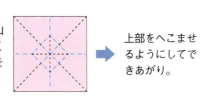

上部をへこませるようにしてできあがり。

Part 1

おりがみで作れる宝石たち

💎 **宝石おりがみの作り方**

ダイヤモンドカットの宝石 ------ 7
ラウンドシェイプの宝石 ------- 13
スクエアジェム ------------- 19
スターカットの宝石 --------- 25
さくらカットの宝石 --------- 26
ハートカットの宝石 --------- 28

金平糖（こんぺいとう）カットの宝石 --------- 33
ダイヤモンドの原石 --------- 36
多面体カットの宝石 --------- 38
カルサイトの原石 ----------- 43
アメシストの原石 ----------- 46
砂漠（さばく）のバラ ------------- 48
真珠貝（しんじゅがい） ------------------ 57
珊瑚（さんご） -------------------- 59

Symbol 1

永遠(えいえん)のかがやきをとじこめた宝石

キラキラと美しいかがやきを放つ宝石たち。
見る角度によって光の色がかわり、
ダイヤモンドはずっとながめていても
あきることがありません。
そんな宝石がおりがみで作れます。

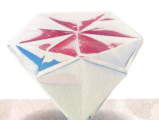

ダイヤモンドカットの宝石

永遠のかがやきをとじこめた宝石

作家：Chrissy Pushkin from Paper Kawaii　制作の難易度

用意するもの
- おりがみ1まい（15cm角）

作品で使用しているかみ
- オリエステルおりがみ ホログラムタイプ／カクワ

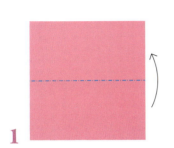

1 横に半分におる。

2 フチとフチを合わせてななめにおりすじをつける。

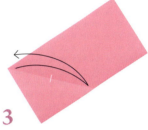

3 おり線の半分のところにしるしをつける。

4 しるしにおり目をつける。

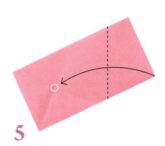

5 カドをしるしに合わせておる。

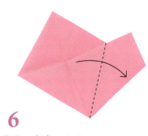

6 半分の角度でおる。

7 フチをフチに合わせておる。

8 フチのところでおり返す。

9 フチのところをハサミで切る。

谷おり -----　山おり -----　切る -----

10 切りはなしたかみを開いて正五角形にする。

11 おり目の山・谷を逆にしてたたむ。

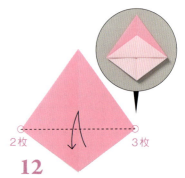

12 カドとカドをむすぶ線でおり、しるしをつける。

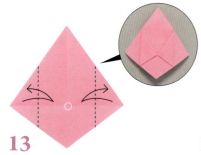

13 カドを中心に合わせておりすじをつける。

14 うらがえして同じようにおる。

15 1まいずつめくって同じようにおる。

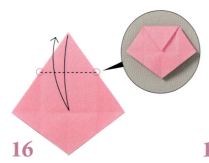

16 点と点をむすぶ線でしっかりとおる。

17 おり目をもどす。

18 開いて、おりすじを谷おりにつけなおす。

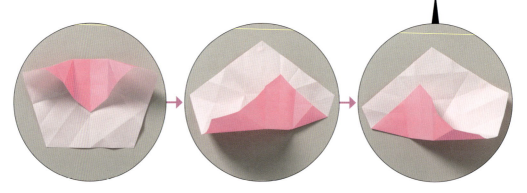

谷おり ----- 山おり ----- 切る ———

19
真ん中に五角形のおりすじをつける。

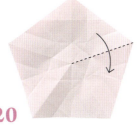

20
ついているおりすじでおる。

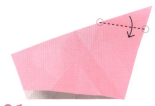

21
点と点をつなぐ線でおりすじをつける。

22
つけたおりすじでなかわりおりをする。

23
20にもどして、ほかの4カ所も同じようにおる。

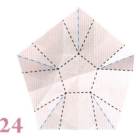

24
かみを開き、おりすじを使ってつまむようにおる。

25
カドを5つともたおす。

26
カドをおりこんでとめる。

27
カドをたおす。

28
ほかの4カ所も同じようにカドをたおす。

29
ついているおりすじでつまむ。

30
ほかの4カ所も同じようにおりすじでつまむ。

Part1 おりがみで作れる宝石たち 9

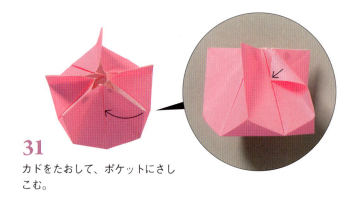

31
カドをたおして、ポケットにさしこむ。

32
ほかの4カ所も同じように、カドをたおしてポケットにさしこむ。

33
形を整える。

34
上の面も形を整える。

完成

Point
フィルムのようなかみでおるときは？

6ページの作品は、すべて「オリエステル」というフィルムのようなおりがみを使用しています。一般のおりがみが木材や古紙などを原料にして作られているのに対し、オリエステルは化学せんいで作られ、じょうぶで水に強いのが特徴です。きれいに宝石おりがみを作るためのコツを知っておきましょう。3つのポイントをまとめます。セロファンでも同じです。

コツ1　しっかりおる

おりすじがきちんとつくように、力を入れてしっかりおりましょう。

コツ2　白いかみの上でおる

かみの表と裏がわかりづらくてこまるときは、白いかみの上でおりましょう。

コツ3　テープのりを使う

はり合わせるときは、両面テープやテープのりを使ってとめましょう。

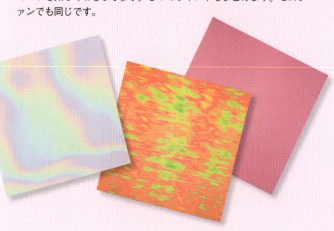

谷おり　山おり　切る

宝石ノート #1
作った宝石について知ろう

  ダイヤモンドカットの宝石

ダイヤモンド
Diamond ［和名：金剛石（こんごうせき）］

石言葉 「永遠の絆」「清浄無垢」「不滅」

カラーバリエーション

特有（とくゆう）の輝（かがや）きで古代から愛（あい）され続（つづ）ける、ダイヤモンド。婚約指輪（こんやくゆびわ）としておくられることも多い、どこか特別（とくべつ）感のある宝石です。名前は古代ギリシャ語の「adamas（征服（せいふく）されざるもの）」から。宝石の中でもっとも硬（かた）い性質（せいしつ）をもつため、ダイヤモンドを削（けず）るためにはダイヤモンドを使います。

   原石の例

傷つきにくさ ★★★★★★★★★★
割れにくさ ★★★☆☆

 4月の誕生石

ベリル
Beryl ［和名：緑柱石（りょくちゅうせき）］

石言葉 なし

カラーバリエーション

ベリルは色の種類（しゅるい）が多い宝石。色で名前が変（か）わり、緑はエメラルド、青はアクアマリン、ピンクはモルガナイト、黄はイエローベリル、無色（むしょく）はゴーシェナイト、赤（左の写真）はレッドベリルとよばれます。もっとも希少なのはレッドベリルで、一部の地域（ちいき）でしか見つかっていません。

    原石の例

傷つきにくさ ★★★★★★★☆☆☆
割れにくさ ★★★★☆

Part1 おりがみで作れる宝石たち

Symbol 2

光の反射が美しい宝石

光を受けて美しくかがやく
ラウンドな形をした宝石。
おりがみで作ってみましょう。
かみをかえることで、
宝石の雰囲気もかわります。

光の反射が美しい宝石
ラウンドシェイプの宝石

作家：Sweet Paper

制作の難易度 ◆◆◆◆◆

△ 用意するもの　　△ 作品で使用しているかみ

☐ おりがみ1まい
（15cm角）

☐ オリエステルおりがみ
透明タイプ・水色（色番022）／カクワ

※最初は、A4、B5、A5サイズのかみをたて半分に細長く切って練習することをおすすめします。

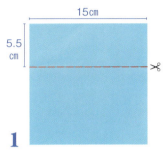

1
高さ5.5cmになるよう、おりがみを切る。

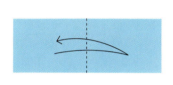

2
半分におりすじをつけ、8等分のじゃばらおりをはじめる。

3
おりすじに合わせておる。

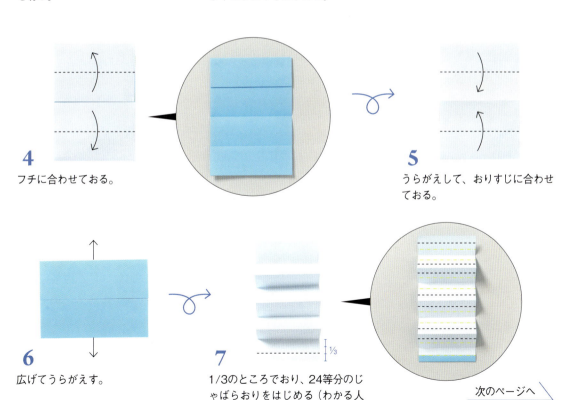

4
フチに合わせておる。

5
うらがえして、おりすじに合わせておる。

6
広げてうらがえす。

7
1/3のところでおり、24等分のじゃばらおりをはじめる（わかる人は、**11**へ）。

次のページへ

谷おり -----　山おり ——　切る ——

Part1　おりがみで作れる宝石たち

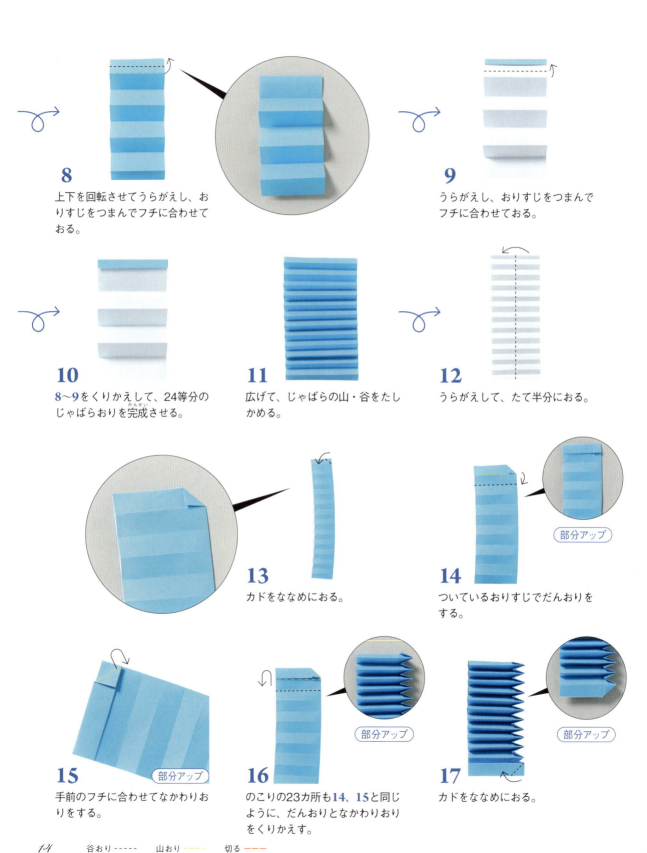

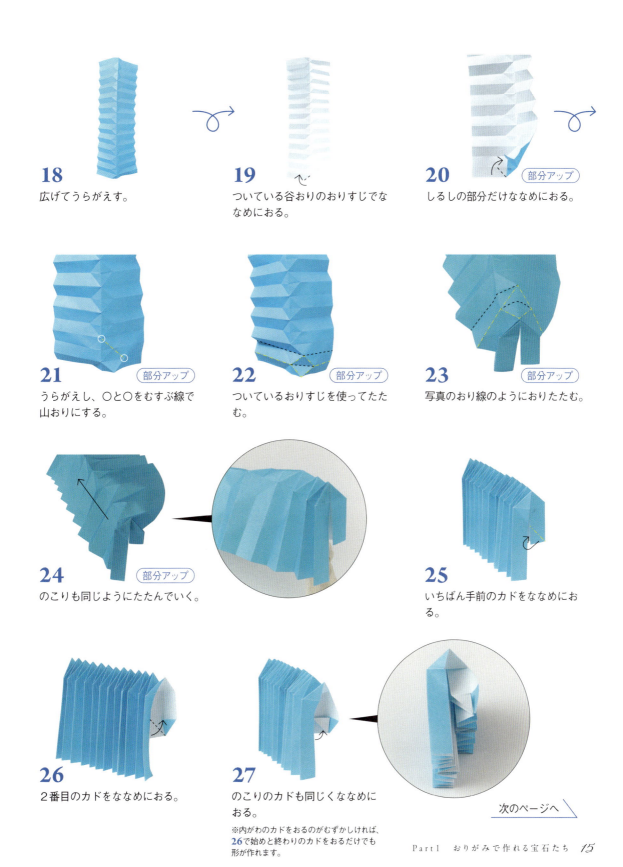

18 広げてうらがえす。

19 ついている谷おりのおりすじでななめにおる。

20 しるしの部分だけななめにおる。

21 うらがえし、○と○をむすぶ線で山おりにする。

22 ついているおりすじを使ってたたむ。

23 写真のおり線のようにおりたたむ。

24 のこりも同じようにたたんでいく。

25 いちばん手前のカドをななめにおる。

26 2番目のカドをななめにおる。

27 のこりのカドも同じくななめにおる。

※内がわのカドをおるのがむずかしければ、**26**で始めと終わりのカドをおるだけでも形が作れます。

次のページへ

Part1 おりがみで作れる宝石たち *15*

28
いちばんはしのカドをななめにおる。

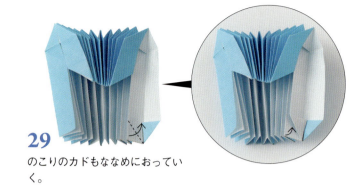

29
のこりのカドもななめにおっていく。

30
カドをすべておる。

31
開いて立体にする。中に空洞ができるようにおし上げながら立体にする。

32
○を合わせるようにかぶせる。

33
○を合わせるように右側のひだを左側のひだにかぶせる。

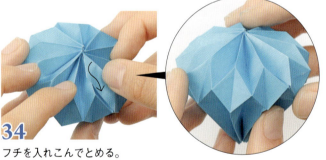

34
フチを入れこんでとめる。

35
おりすじを山おりにかえる。手でもって上下から軽くおすと山おりになる。

36
ひとつひとつのおりすじを山おりにしていく。

完成

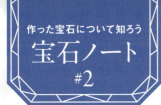

作った宝石について知ろう
宝石ノート #2

  ラウンドシェイプの宝石

サファイア
Sapphire ［和名：青玉(せいぎょく)］

石言葉 「誠実」「徳望」「愛情」

カラーバリエーション

青色の宝石という印象(いんしょう)が強いサファイアですが、実は多くの色合いをもちます。鉱物名(こうぶつめい)はコランダムで、赤以外はほぼあるといってもよいほど。赤がない理由(りゆう)は、赤いコランダムはルビーとよばれるためです。ギリシャ語の「Supphirus（青色）」に由来(ゆらい)して名づけられました。

  　原石の例

傷つきにくさ ★★★★★★★★★☆
割れにくさ ★★★★★

 9月の誕生石

アクアマリン
Aquamarine ［和名：藍柱石(らんちゅうせき)、藍玉(らんぎょく) など］

石言葉 「聡明」「沈着」「幸福」

カラーバリエーション

海水を思わせる色合いが特徴的(とくちょうてき)なアクアマリンは、古代より産出(さんしゅつ)されている、歴史のある宝石です。名前の由来(ゆらい)はラテン語の「Aqua（水）」と「Marinus（海の）」から。むかし、船(ふね)のりが海での無事を祈(いの)りお守りとして身につけたなど、海にまつわる言い伝(つた)えが多く残(のこ)ります。

   　原石の例

傷つきにくさ ★★★★★★★☆☆
割れにくさ ★★★★

 3月の誕生石

Part1 おりがみで作れる宝石たち

Symbol 3
結晶感あふれる スクエアな宝石

スクエアにカットされた宝石は、どこかクールな印象を残すものです。おしゃれなかみをえらんで、エッジのきいたかっこいい宝石を作ってみませんか。

結晶感あふれるスクエアな宝石
スクエアジェム

作家：Chrissy Pushkin from Paper Kawaii　　制作の難易度 ◆◆◆◇

用意するもの
- □ おりがみ1まい（15cm角）
- □ のり

作品で使用しているかみ
- □ グラデーショングラシン紙 ミスターコイズ／そ・か・な（吉田製作所）

1 対角線でおりすじをつける。

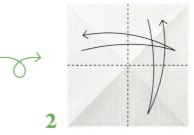

2 うらがえして、たて・よこ半分におりすじをつける。

3 カドと中心を合わせてしるしをつける。

4 しるしとカドを合わせておる。

5 ほかのカドも同じようにおる。

6 フチとおりすじを合わせておりすじをつける。

7 ほかの3カ所も同じようにおる。

8 フチとおりすじを合わせて、○と○のあいだにしっかりおりすじをつける。

次のページへ

谷おり -----　山おり -----　切る ---

Part1　おりがみで作れる宝石たち　19

9 ほかの3カ所も同じようにおりすじをつける。

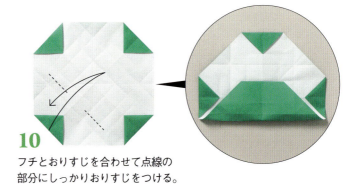

10 フチとおりすじを合わせて点線の部分にしっかりおりすじをつける。

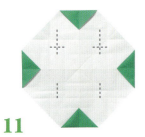

11 ほかの3カ所も同じようにおりすじをつける。

12 点線の部分におりすじをつける。

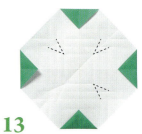

13 ほかの3カ所も同じようにおりすじをつける。

14 点線の部分におりすじをつける。

15 ほかの3カ所も同じようにおりすじをつける。

16 ついているおりすじでおる。

17 内側のかみを前にひきだす。

18 ついているおりすじでおる。

19 ほかの3カ所も同じようにおる。

谷おり ----- 山おり ----- 切る -----

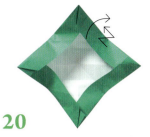

20 少し開き、ついているおりすじでおる。

21 とじる。

22 ほかの3カ所も同じようにおりすじをつけてとじていく。

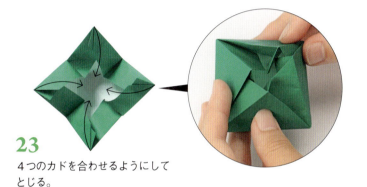

23 4つのカドを合わせるようにしてとじる。

24 しっかりとじる（のりでとめるとよい）。

完成

Point グラシン紙とは？

18ページの作品では、「グラシン紙」という種類のかみが使われています。半透明で少しつやがある、すりガラスのような見た目が特徴で、宝石を作るのにぴったり。水や油に強いのもうれしいポイントです。

Part1　おりがみで作れる宝石たち

宝石ノート #3
作った宝石について知ろう

スクエアジェム

エメラルド
Emerald ［和名：翠玉、翠緑玉］

石言葉「幸運」「幸福」「夫婦愛」

カラーバリエーション

緑色の宝石の代表格ともいえるエメラルド。その印象的な色合いからエメラルドグリーンという色名も生まれました。古代より採掘され、装飾品などとして広く使われています。古代ローマでは、目に癒やしの効能があると信じられ、病気の治療に用いられることもあったといわれています。

原石の例

傷つきにくさ ★★★★★★★☆☆
割れにくさ ★★☆☆☆

5月の誕生石

アイオライト
Iolite ［和名：菫青石］

石言葉「誠実」「徳望」「愛情」

カラーバリエーション

深みのある青むらさき色が特徴のアイオライト。見る角度を変えると別の色に見える性質が強いことでも知られます。石が生成する途中で中に別の石が入ることもあり、それらによって、光を当てるとキラキラと輝いたり、ほかとは異なる見た目を作る種類もあります（大写真）。

上の写真のアイオライトは、通称「ブラッドショットアイオライトサンストーン」

原石の例

傷つきにくさ ★★★★★★★☆☆
割れにくさ ★★☆☆☆

3月の誕生石

22

ムーンストーン
Moonstone ［和名：月長石（げっちょうせき）］

石言葉「愛の予感」「健康」「幸運」

カラーバリエーション

ムーンストーンは、光を当てると、表面に白っぽい光がホワッと浮かび上がる性質をもつ宝石です。その見た目が月をイメージさせることから、月にまつわる神話や言い伝えが多く残っています。紀元前から装飾品やお守りなどとして用いられ、世界中で愛され親しまれてきました。

原石の例

傷つきにくさ	★★★★★☆☆☆☆
割れにくさ	★★☆☆☆

6月の誕生石

ペリドット
Peridot ［和名：橄欖石（かんらんせき）］

石言葉「夫婦愛」「豊穣」「幸せ」

カラーバリエーション

ペリドットは、明るい黄緑～緑色が印象的な宝石です。春を思わせるようなやさしい色合いのものもあります。古代ローマやエジプトの時代から使われ、王冠につけられたものなども見つかっています。地球で生まれるもののほか、いん石に含まれて宇宙からやって来るものもあります。

原石の例

傷つきにくさ	★★★★★★☆☆☆
割れにくさ	★★★☆☆

8月の誕生石

Part1　おりがみで作れる宝石たち　23

Symbol 4

星と花、ハートの形の宝石

小さくて形がかわいいおりがみの宝石たち。
いろいろなかみで作って、
コレクションするのもいいですね。
キラキラ光るかみや、
ほんのり光が透けるかみもおすすめです。

星と花、ハートの形の宝石
スターカットの宝石

作品：伝承

制作の難易度

用意するもの
- [ ] おりがみ
（はば1.5cm・長さ約20cm）
1まい

作品で使用しているかみ
- [ ] オーロラ折紙／LOORIPRO

ふつうのおりがみ（15cm角）で作る場合は、はば1.5cmに切って2まいをのりでつなげるとよい。

※ホームページで動画をチェックできます。

1 かみのはしを交差させる。

2 交差させた穴にかみのはしをとおす。

3 かみをむすぶように、たいらにおりたたむ。

4 はしをおり返す。

5 フチでおり返す。

6 かみを五角形にまきつけるようにおる。

7 あまったはしをおり、すきまに入れる。

8 フチをつぶし星形にする。

完成

谷おり -----　山おり ———　切る ---

星と花、ハートの形の宝石
さくらカットの宝石

作家：やまもとえみこ　　　制作の難易度

 用意するもの　　 作品で使用しているかみ

☐ おりがみ（15cm角）3まい
☐ ハサミ
☐ のり

☐ グラデーショングラシン紙 ピーチピンク／そ・か・な（吉田製作所）

✧ 花びら ✧

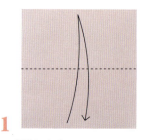

1 よこ半分におる。

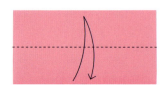

2 よこ半分におりすじをつける。

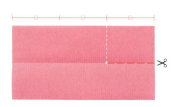

3 はしから1/3のところまで切れこみを入れる。

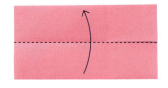

4 ついているおりすじで半分におる。

5 花びらの形になるようハサミで切る。

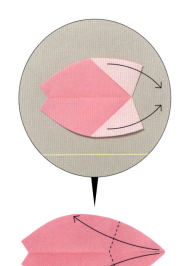

6 広げて花びら2まいにする。

7 切れこみを入れた部分をフチを合わせるようにしておる。

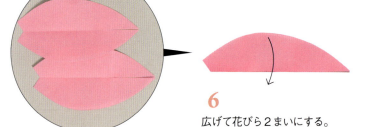

26　　谷おり -----　山おり -----　切る ---

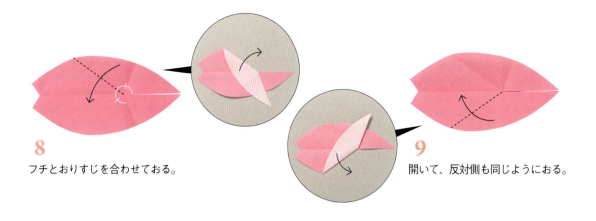

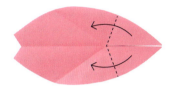

8 フチとおりすじを合わせておる。

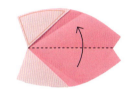

9 開いて、反対側も同じようにおる。

10 開いて、ついているおりすじでおる。

11 のりしろの部分◨にのりをつけ半分におり、はり合わせる。

12 同じものを5つ作る。

✧ 組み立て ✧

1 のりしろの部分◨にのりをつけ2つをはり合わせる。

2 同じように5つはり合わせる。

3 開いて、はしとはしをはり合わせる。

完成

Point 宝石おりがみの大きさ

15cm角のおりがみでさくらカットの宝石おりがみを作ると、およそ16.5cm大にできあがります。24ページの写真のような大きさで作るには、15cm角のおりがみを1/4にカットして作りましょう。約9cm大の大きさになります。

Part1 おりがみで作れる宝石たち 27

星と花、ハートの形の宝石
ハートカットの宝石

作家：Chrissy Pushkin from Paper Kawaii

制作の難易度

用意するもの	作品で使用しているかみ
☐ おりがみ（15cm角）1まい 4等分に切って使う。 ☐ ハサミ	☐ ホイルカラーおりがみ／大創産業

※ホームページで動画をチェックできます。

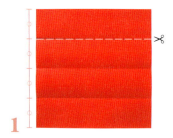

1 よこに4等分に切る。

2 カドを半分の角度でおる。

3 かみのフチに合わせておる。

4 同じようにして、かみをまきつけるようにおる。

5 はしを三角におる。

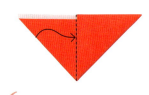

6 はしをおり、すきまにさしこむ。

7 長いフチをつぶすようにしてハート形にする。

8 カドをハサミで切る。

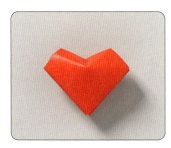

完成

谷おり ----- 山おり ----- 切る ---

宝石ノート #4
作った宝石について知ろう

 スターカットの宝石

トパーズ
Topaz ［和名：黄玉（おうぎょく）］

石言葉「希望」「友情」

カラーバリエーション

トパーズは、左の写真のような青いもののほか、黄色、茶色、ピンク、オレンジなど多くの色合いをもちます。名前の由来はさまざまで、ギリシア語の「topazios（探し求める）」やサンスクリット語の「tapaz（火）」などがあります。日本で見つかることもある宝石です。

    原石の例

傷つきにくさ ★★★★★★★☆☆
割れにくさ ★★★☆☆

 11月の誕生石

シトリン
Citrine ［和名：黄水晶（きずいしょう）］

石言葉「友愛」「希望」「繁栄」「富」

カラーバリエーション

シトリンは、水晶（クォーツ）の一種で、黄色〜オレンジの宝石です。名前の由来は、フランス語の「citron（レモン）」からという説が有名です。黄色のトパーズと色合いが似ていることから、中世ヨーロッパでは「シトリントパーズ」とよばれていたと伝わります。

    原石の例

傷つきにくさ ★★★★★★☆☆☆
割れにくさ ★★★★☆

 11月の誕生石

Part1 おりがみで作れる宝石たち

宝石ノート #4 作った宝石について知ろう

 ハートカットの宝石　　 さくらカットの宝石

ルビー
Ruby ［和名：紅玉（こうぎょく）］

石言葉 「情熱」「仁愛」「威厳」

カラーバリエーション

赤い宝石ルビーは、しばしばアニメや小説などにも登場し、おそらく多くの人が知る、有名宝石のひとつではないでしょうか。古代から採掘され、装飾品のほか、くすりやお守りとしても使われ、大切にされてきました。ドラゴンの卵から生まれたなど、多くの伝説も残ります。

   　原石の例

傷つきにくさ ★★★★★★★★★☆
割れにくさ ★★★★★

 7月の誕生石

トルマリン
Tourmaline ［和名：電気石（でんきいし）］

石言葉 「ひらめき」「以心伝心」

カラーバリエーション

赤、青、黄色、緑、ピンクなど多くの色合いで楽しませてくれる宝石、トルマリン。ない色はないのでは、といわれるほど種類が豊富で、なかにはスイカのような見た目をしたユニークなものもあります。熱や圧力を加えると静電気を発生するという性質から和名は「電気石」といいます。

    　原石の例

傷つきにくさ ★★★★★★★☆☆☆
割れにくさ ★★★★

 10月の誕生石

30

ローズクォーツ

Rosequartz ［和名：紅水晶、紅石英、薔薇石英］

石言葉「恋愛成就」「美しさ」

カラーバリエーション

ローズクォーツは水晶（クォーツ）の一種で、不透明〜透明のピンク色をした宝石です。古くは紀元前に作られたものも見つかっており、彫刻の素材などに用いられることも多かったと見られています。大写真は、甲府の職人による「甲州貴石切子（桜切子）」です。

原石の例

傷つきにくさ ★★★★★★★☆☆☆

割れにくさ ★★★★☆

TOPICS

日本を代表する宝石のまち・甲府

石の中にさくらのシルエットが浮かび上がる「さくらインカット」（右写真）や、「甲州貴石切子」（上写真）、41ページの「金平糖カット」「多面体カット」で紹介している宝石（桔梗カット）は、すべて山梨県・甲府市でカットされたもの。かつて山梨県には水晶の鉱山があり、甲府で研磨の技術が発展した歴史をもちます。その技術は今日まで引き継がれ、技術力がきわめて高い職人が活躍し、宝石産業が築かれている「宝石のまち」なのです。

さくらインカット

黒平鉱山の坑道の入口

人の背丈ほどある水晶の結晶

Part1　おりがみで作れる宝石たち　*31*

作ったおりがみの中に
小さなライトを入れて、まばゆく
かがやく宝石を楽しみましょう。
部屋を少し暗くしてみると、
幻想的でふしぎな世界が広がります。

Symbol 5

中から光らせて楽しみたい宝石

中から光らせて楽しみたい宝石

金平糖カットの宝石

作品：薗部式ユニット

制作の難易度 ♦♦♦♢

用意するもの
- おりがみ（15cm角）12まい
- LEDライト

作品で使用しているかみ
- クラシコトレーシング-FS うす青／竹尾

✧ パーツ ✧

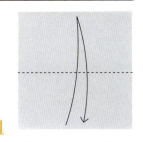

1 よこ半分におりすじをつける。

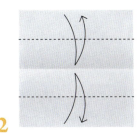

2 フチとおりすじを合わせておりすじをつける。

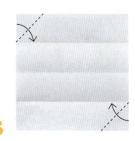

3 フチと2でつけたおりすじを合わせて2つのカドをおる。

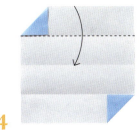

4 ついているおりすじでおる。

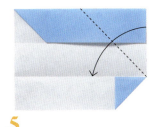

5 フチとおりすじを合わせておる。

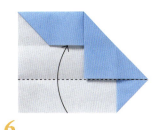

6 ついているおりすじでおる。

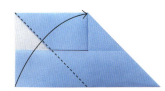

7 フチとフチを合わせておる。

8 おったカドをすきまにさしこむ。

9 点線の部分におりすじをつける。

谷おり ----- 山おり ----- 切る ———

Part1 おりがみで作れる宝石たち 33

10
パーツのできあがり。同じものを12個作る（ここでは、青4つ、赤4つ、黄4つ）。

✦ 組み立て ✦

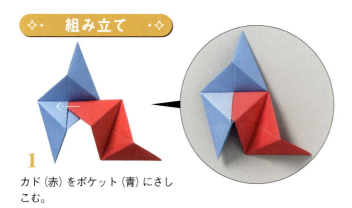

1 カド（赤）をポケット（青）にさしこむ。

2 カド（黄）をポケット（赤）にさしこむ。

3 カド（青）をポケット（黄）にさしこむ。

4 3つのパーツを組み立てたら、同じようにしてのこりのパーツも組み立てていく。

5 のこり1パーツまで組み立てたら、ライトを入れる。

6 ポケットにのこりのパーツのカドをさしこむ。

7 カド（青）をポケット（黄）にさしこむ。

8 カド（青）をポケット（黄）にさしこむ。

34　　谷おり -----　山おり -----　切る -----

9 カド（青）をポケット（黄）にさしこむ。

10 形を整える。

完成

Point

この本で使っているLEDライトは？

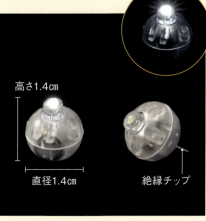

金平糖カットの宝石、36ページのダイヤモンドの原石、38ページの多面体カットの宝石の3つとも、宝石おりがみを光らせるのに、直径・高さが1.4cmほどの小さなLEDライトを使っています。ケーブルがないのでおりがみの中に入れやすく、熱をもちにくいので使いやすくてとても便利。光らせるときは、絶縁チップをはずせばOK。30時間ほど光りつづけます。光らせるのをやめるときには、絶縁チップをもとにもどします。

高さ1.4cm　直径1.4cm　絶縁チップ

参考／www.amazon.co.jp/dp/B0B6RGNJBS

光る石がある！

32ページの写真で、宝石おりがみのまわりに散りばめられているのは、「蓄光石」とよばれる石。自然光のなかの紫外線をたくわえ、その光を放ってかがやきます。光る宝石おりがみといっしょにかざるとすてきです。

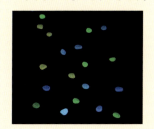

TOPICS

薗部式ユニットとは？

金平糖カットの宝石のおり方を考案したのは、おりがみ作家の薗部光伸さん。同じ形のパーツをいくつも作り、それを組み立てることでひとつの作品を作り上げていく手法をユニットおりがみといい、薗部さんが今から60年ほど前に考案したかんたんに美しい作品が作れる方法は、「薗部式ユニット」とよばれます。今日でも愛され、作り続けられている作品がたくさんあります。

Part1　おりがみで作れる宝石たち

中から光らせて楽しみたい宝石
ダイヤモンドの原石

作家：**竹内ケイ**

制作の難易度

 用意するもの 作品で使用しているかみ

☐ **おりがみ**
（15cm角）2まい
☐ **LEDライト**

☐ **クラシコトレーシング-FS**
うす緑／竹尾

1 たて半分におりすじをつける。

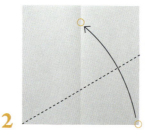

2 カドをおりすじに合わせるようにおる。

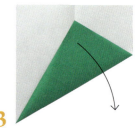

3 おったところをもどしてかみを開く。

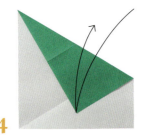

4 反対がわも**2**、**3**と同じようにおりすじをつける。

5 **2**、**4**でつけたおりすじの交点をとおるように、たてにおりすじをつける。

6 **5**でつけたおりすじでかみを切る。

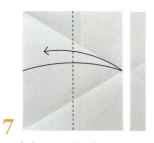

7 たて半分におりすじをつける。

8 カドをおりすじの交点に合わせるようにおる。

9 **8**でおったところをもどす。

36　谷おり ----- 　山おり ---- 　切る ———

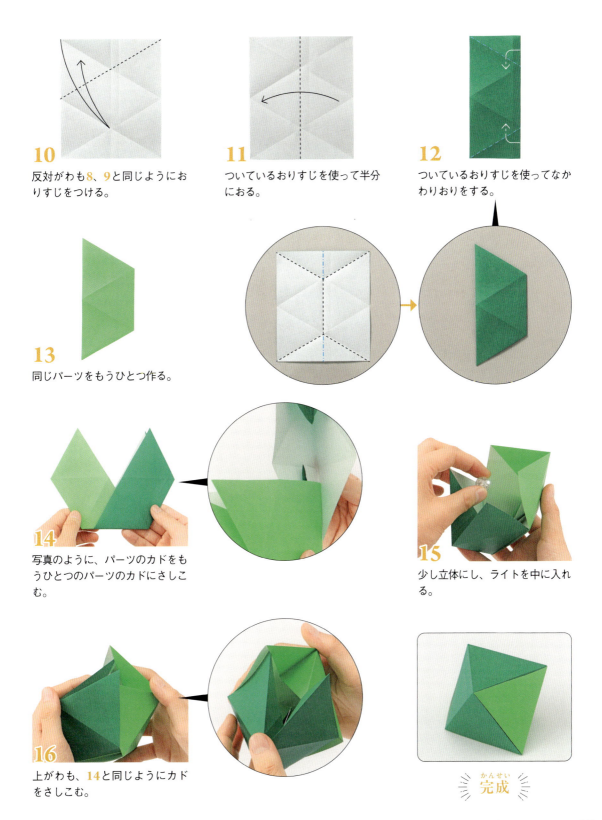

10 反対がわも 8、9と同じようにおりすじをつける。

11 ついているおりすじを使って半分におる。

12 ついているおりすじを使ってなかわりおりをする。

13 同じパーツをもうひとつ作る。

14 写真のように、パーツのカドをもうひとつのパーツのカドにさしこむ。

15 少し立体にし、ライトを中に入れる。

16 上がわも、14と同じようにカドをさしこむ。

完成

多面体カットの宝石

中から光らせて楽しみたい宝石

作家：Sweet Paper

制作の難易度

用意するもの
- □ おりがみ（15cm角）2まい
- □ LEDライト

作品で使用しているかみ
- □ クロマティコA-FS マンゴ／竹尾

※ライトの光を透過させるため、以下の作り方では、動画10'35"〜の二重底を作る工程を省略しています。

1 かみの下がわに1/3のしるしを2カ所つける。

2 つけたしるしを起点にして、カドをフチに合わせるようにおりすじをつける。

3 もうひとつのしるしも同じようにおりすじをつける。

4 フチをおりすじに合わせており、おりすじをつける。

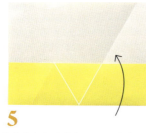

5 交点をとおるようにフチを上におる。

6 上のひだをおりすじに合わせて山おりする。

7 手前のヒダを広げる。

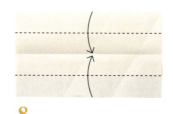

8 上のフチと下のフチを中心に合わせておる。

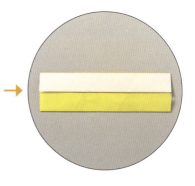

9
フチにそって上がわのヒダを切りはなす。

10
フチをおりすじに合わせるようにななめにおりすじをつける。

11
右下のカドを**10**と同じようにおる。

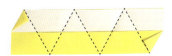

12
のこりも同じようにおりすじをつける。

13
フチをおりすじに合わせるようにななめにおる。

14
のこりも同じようにおりすじをつける。

15
上がわのヒダを広げる。

16
うらがえして、図のようにおりすじをつける。

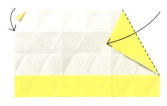

17
うらがえして、図のように両がわでななめにおる。

18
ついているおりすじで上がわのヒダをおりたたむ。

19
小さな三角をおったがわのヒダを大きな三角をおったがわのヒダのすきまにさしこみ、輪にする。

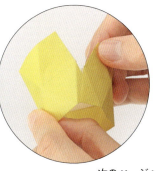

次のページへ

Part1 おりがみで作れる宝石たち 39

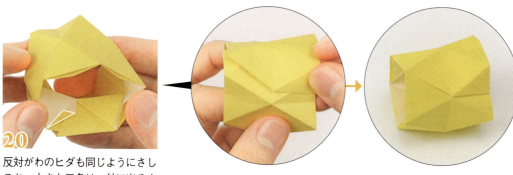

20
反対がわのヒダも同じようにさしこむ。小さな三角は、外に出るようにする。

21
断面が正五角形になるようにしっかりさしこむ。

22
ついているおりすじを使って、かみのかさなりが多いほうのフチをしぼませるようにおりたたむ。

23
内がわにしまいこんだヒダを時計まわりになるように整える。

24
先の部分にあながあかないよう、しっかりとじる。

25
同じパーツをもうひとつ作る。

26
先に作ったパーツ1にライトを入れる。

27
パーツ1のフチを軽くへこませる。

28
パーツ1を軽くねじりながら、25で作ったもうひとつのパーツにさしこむ。

完成

宝石ノート #5
作った宝石について知ろう

 金平糖カットの宝石　 多面体カットの宝石

フローライト
Fluorite ［和名：蛍石］

石言葉「控えめな愛」「傷心」「少しの希望」

カラーバリエーション

オレンジ、黄、緑、青、紫、ピンクなどさまざまな色合いをもつフローライト。ひとつの中に何色も入っているものもあり、実にカラフル。紫外線を当てるとネオンのような別の色合いを発し、とても幻想的な印象をあたえるものもあります。大写真は甲府の職人による金平糖カット。

原石の例

傷つきにくさ
★★★★☆☆☆☆☆☆

割れにくさ　★★☆☆☆

オパール
Opal ［和名：蛋白石］

石言葉「希望」「無邪気」「克己」

カラーバリエーション

遊色効果という虹色のゆらめきを見せることで知られるオパールは、このふしぎな現象から古代より特別に扱われてきました。実は多くの種類があり、遊色効果を示すものばかりではありません。貝の化石にできるものもあります（左下写真）。大写真は、甲府の職人による180面体桔梗カット。

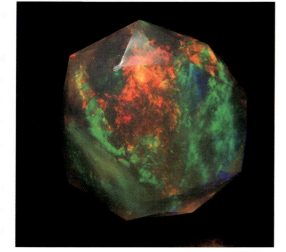

原石の例

傷つきにくさ
★★★★★☆☆☆☆☆

割れにくさ　★★☆☆☆

10月の誕生石

Part1　おりがみで作れる宝石たち　41

Symbol 6

いろいろな形の原石（げんせき）たち

多くの宝石は、原石（げんせき）を美しくみがいて作られます。原石の魅力は、自然のままの形をながめられること。特徴（とくちょう）のある形をした原石をおりがみで作ってみましょう。

いろいろな形の原石たち
カルサイトの原石

作家：田中カナ子

制作の難易度

☐ おりがみ
（15cm角）1まい

☐ ミランダ-FS
スノーホワイト／竹尾

1
たて半分におりすじをつける。

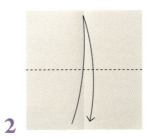

2
よこ半分におりすじをつける。

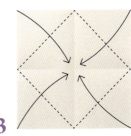

3
カドを中心に合わせておる。

4
開いて、よこ半分におる。

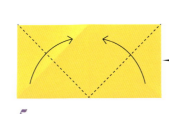

5
左右のカドをおりあげる。

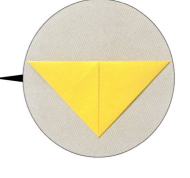

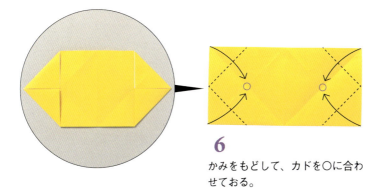

6
かみをもどして、カドを〇に合わせておる。

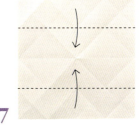

7
開いて、上下のフチをまんなかの線に合わせておる。

谷おり -----　山おり -----　切る ———

Part1　おりがみで作れる宝石たち　43

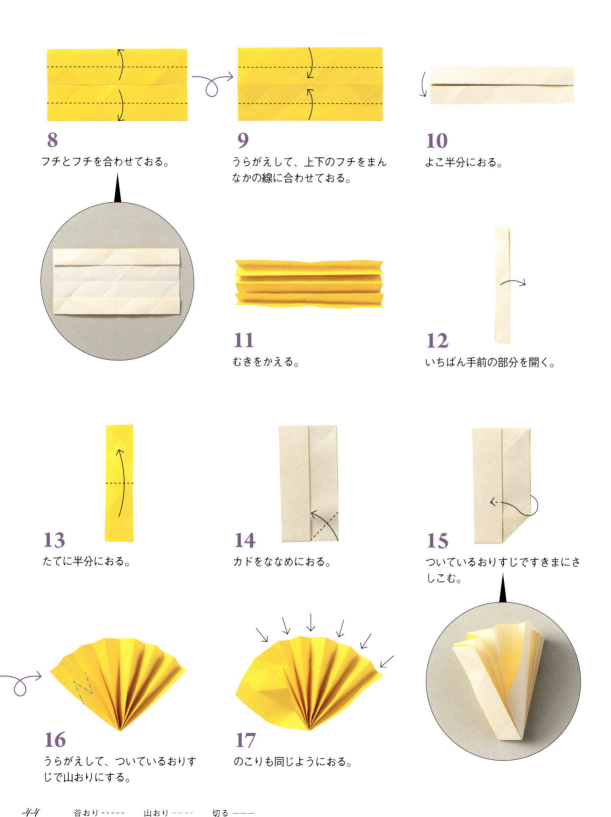

8 フチとフチを合わせておる。

9 うらがえして、上下のフチをまんなかの線に合わせておる。

10 よこ半分におる。

11 むきをかえる。

12 いちばん手前の部分を開く。

13 たてに半分におる。

14 カドをななめにおる。

15 ついているおりすじですきまにさしこむ。

16 うらがえして、ついているおりすじで山おりにする。

17 のこりも同じようにおる。

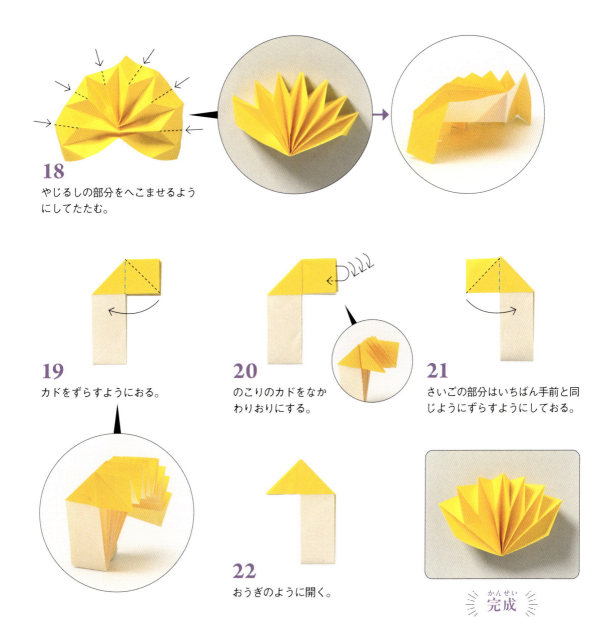

18 やじるしの部分をへこませるようにしてたたむ。

19 カドをずらすようにおる。

20 のこりのカドをなかわりおりにする。

21 さいごの部分はいちばん手前と同じようにずらすようにしておる。

22 おうぎのように開く。

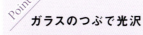
完成

> **Point**
> ### ガラスのつぶで光沢
> 42ページの写真でカルサイトの原石に使われているのは、「ミランダ-FS」とよばれるかみ。とても細かいガラスのつぶがまぜられていて、きらめくようなツヤがあります。天王星をまわる衛星・ミランダから名づけられました。

Part1 おりがみで作れる宝石たち　45

いろいろな形の原石たち
アメシストの原石

作家：**田中カナ子**

制作の難易度 💎💎🤍

用意するもの
- おりがみ（15cm角）1まい

作品で使用しているかみ
- オリエステルおりがみ・透明タイプ 紫（色番012）／カクワ

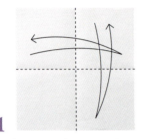

1 よこ半分とたて半分におりすじをつける。

2 対角線におりすじをつける。

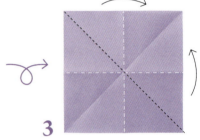

3 つけたおりすじを使って引き寄せるようにおりたたむ。

4 フチを中心に合わせるようにしておる。

5 反対がわも同じようにおる。

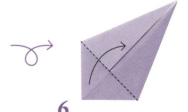

6 フチにそってヒダを上におる。

7 かみの向きをかえ、カドを〇に合わせるようにしておる。

8 おったところをもとにもどす。

46　　谷おり -----　　山おり -・-・-　　切る ——

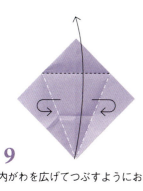

9
内がわを広げてつぶすようにおる。

10
手前のカドを下におろし、反対がわも同じようにおる。

11
両がわのカドを中心に合わせておる。

12
反対がわも同じようにおる。

13
上のカドを点線でおる。

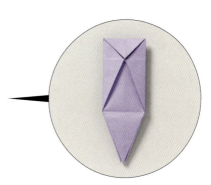

14
中を開いて立体にしていく。

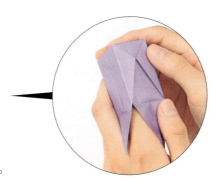

15
ついているおりすじを山おりにつけなおす。

16
のこりの3カ所も同じようにおりすじをつける。

17
4つのカドの先をのりでとじる。

完成

Part1 おりがみで作れる宝石たち

いろいろな形の原石たち
砂漠のバラ

作家：**田中カナ子**

制作の難易度 ♦♦♦♦♦

用意するもの	作品で使用しているかみ
☐ **おりがみ** （15cm角）2まい	☐ **OKサンドカラー** なす／竹尾

※おりはじめ **1〜5** が下の説明とちがいますが、同じようにしあがります。

✧ パーツ ✧

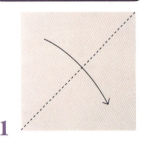

1 対角線でおる。

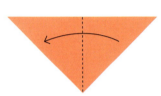

2 半分におる。

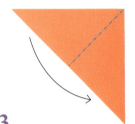

3 さらに半分におる。

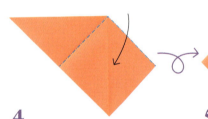

4 開いて、つぶすようにおる。

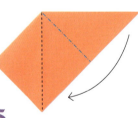

5 うらがえし、開いてつぶすようにおる。

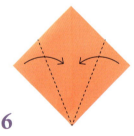

6 フチとおりすじを合わせておる。

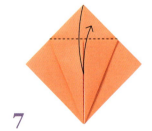

7 さかいめでおりすじをつける。

8 おりすじとカドを合わせてしるしをつける。

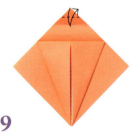

9 しるしとカドを合わせておる。

48　谷おり -----　山おり -----　切る -----

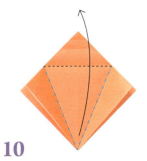

10 開いて、起き上がってきたところをたいらにおりたたむ。

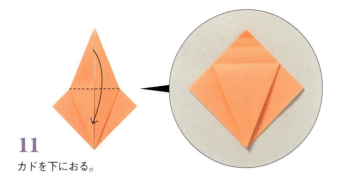

11 カドを下におる。

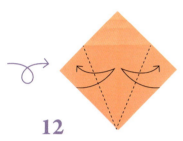

12 うらがえして、フチとおりすじを合わせておりすじをつける。

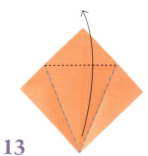

13 10と同じように、起き上がってきたところをたいらにおりたたむ。

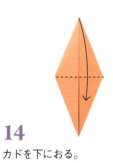

14 カドを下におる。

15 カドとカドを合わせておりすじをつける。

16 ほかの3カ所も同じようにおりすじをつける。

17 ついているおりすじでしずめおりをする。

18 しっかりしずめ終わったことをたしかめる。

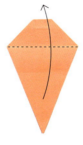

19 カドを上におる。

20 うらがえす。

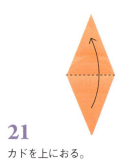

21 カドを上におる。

22 ひだを1まいめくる。うらも同じようにおる。

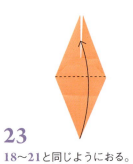

23 18〜21と同じようにおる。

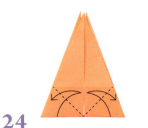

24 フチとおりすじを合わせておる。

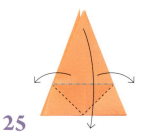

25 開いて、つぶすようにおる。

26 カドを起こす。

27 写真のようにおる。

28 ひだを左におりかえす。

部分アップ

29 26にもどす。

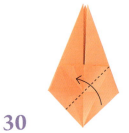

30 写真のようにおる。

31 カドをおる。

32 うらがえす。

33
24〜31と同じようにおる。

34
ひだを1まいめくる。うらも同じようにおる。

35
すべて24〜31と同じようにおる。

36
いちばん手前のかみを1まい起こす。

37
写真のようにおる。

38
かみを1まい下ろす。

39
写真のようにおる。

40
かみを1まい下ろす。

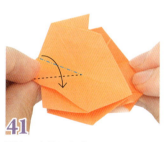

41
写真のようにおる。

42
かみを1まい下ろす。

43
写真のようにおる。

次のページへ

44
起き上がっている部分をつまみ、ねじるようにおる。

45
くせをつけて、少し開く。

46
形を整える。

47
同じものを2つ作る。

✧ 組み立て ✧

1
うらがえす。

2
写真のように開く。

3
開いた部分をもう一方のすきまにさしこむ。

4
同じようにして4カ所さしこむ。

完成

Point
砂漠の宝石らしいかみ

42ページの写真の砂漠のバラで使用しているのは、砂を散りばめたようなもようが特徴の「OKサンドカラー」というかみ。かみと同じ色の濃い色の点が、いかにも砂漠で採掘される宝石らしい雰囲気を演出しています。

作った宝石について知ろう
宝石ノート #6

カルサイトの原石 　　アメシストの原石

カルサイトの原石
Rough Calcite ［和名：方解石（ほうかいせき）］

石言葉「希望」「成功」

カラーバリエーション

カルサイトは、特定（とくてい）方向からのしょうげきに弱い性質をもち、マッチ箱のようなひし形に割れることでも知られます。また、下に置いた文字が二重に見えるダブリングという性質が強いことも有名で、理科の実験（じっけん）などに使われることも多くあります。原石は、さまざまな形状で産出（さんしゅつ）されます。

宝石の例　宝石の例

傷つきにくさ
★★★☆☆☆☆☆☆☆

割れにくさ ★★★☆☆

アメシストの原石
Rough Amethyst ［和名：紫水晶（むらさきすいしょう）］

石言葉「誠実」「心の平和」

カラーバリエーション

アメシストは、紫色の水晶（すいしょう）（クォーツ）です。黄色のシトリンと深い関係にあり、一石の中に紫と黄色が見える「アメトリン」とよばれる種類もあります。アメシストの原石は、おもに柱状（ちゅうじょう）でできあがります。ドーム状の原石の中に多くの結晶（けっしょう）がたくさん集まってできることも多いです。

宝石の例　宝石の例

傷つきにくさ
★★★★★★★☆☆☆

割れにくさ ★★★★☆

2月の誕生石

Part1　おりがみで作れる宝石たち　53

宝石ノート #6 作った宝石について知ろう

 ジルコンの原石　　 砂漠のバラ

ジルコンの原石
Rough Zircon ［和名：風信子石（ひやしんすせき）］

石言葉「愛の勝利」「克服」「平穏」

カラーバリエーション

名前が似ていることから、キュービックジルコニアと同じ石と勘違いされることも多いジルコン。実は地球上で最初に形成されたと考えられる、学問上たいへん重要な鉱物のひとつです。オレンジ、黄色、緑、青、ピンクなどさまざまな色を発し、美しい分散光を放つことでも人気です。

宝石の例　宝石の例

傷つきにくさ ★★★★★☆☆☆☆
割れにくさ ★★☆☆☆

 12月の誕生石

砂漠のバラ
Desert Rose ［和名：砂漠の薔薇（さばくのばら）］

石言葉　なし

カラーバリエーション

砂漠のバラは、砂漠でできあがる、バラの花のような見た目をもつ石です。表面のザラつきからも砂漠で生まれた感じがわかります。石種はジプサム（石膏）やバライト（重晶石）で、おもに観賞用として出回ります。写真はジプサムの砂漠のバラ。自然にできあがったとは信じがたい美しさ。

ジプサムの原石

傷つきにくさ ★☆☆☆☆☆☆☆☆
割れにくさ ★☆☆☆☆

54

ダイヤモンドの原石・スピネルの原石

ダイヤモンドの原石
Rough Diamond ［和名：金剛石（こんごうせき）］

石言葉「永遠の絆」「清浄無垢」「不滅」

カラーバリエーション

ダイヤモンドの原石は、八面体や十二面体、立方体、マクルと呼ばれる平たい三角形の双晶（そうしょう）などで見つかります。工業用に使われるほか、透明度（とうめいど）が高いものはみがかれ、宝石として出回ります。近ごろは原石のままジュエリーにしたり、その形を楽しむ人も増えています。

傷つきにくさ ★★★★★★★★★☆
割れにくさ ★★★☆☆

 4月の誕生石

スピネルの原石
Rough Spinel ［和名：尖晶石（せんしょうせき）］

石言葉「内面の充実と安全」「豊かな愛」

カラーバリエーション

スピネルは、ダイヤモンドと同じ八面体などで見つかることが多い宝石です。その名も結晶の形からラテン語の「Spina（とげ）」やギリシャ語の「Spitha（火花）」に由来して名づけられました。近年、8月の誕生石（たんじょうせき）に加わり、注目をあびている宝石のひとつです。

宝石の例

傷つきにくさ ★★★★★★★☆☆
割れにくさ ★★★★☆

 8月の誕生石

Part1 おりがみで作れる宝石たち

宝石のなかには、海の中にすむ生物が
作り出す種類もあります。
真珠を作る真珠貝と珊瑚のおり方を
紹介します。部屋にかざって
インテリアとして楽しんで！

Symbol 7

海の宝石たち

海の宝石たち
真珠貝
しんじゅがい

作家：田中カナ子

制作の難易度

用意するもの	作品で使用しているかみ
☐ おりがみ （15cm角）1まい	☐ ペルーラ ホワイト／竹尾

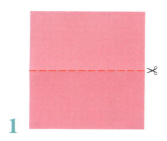

1 おりがみをよこ半分に切る。

2 よこ半分におりすじをつける。

3 フチとおりすじを合わせてしるしをつける。

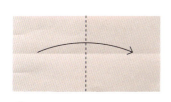

4 半分におる。

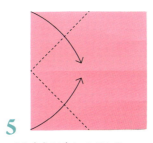

5 フチを中心に合わせておる。

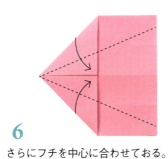

6 さらにフチを中心に合わせておる。

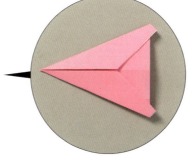

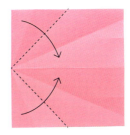

7 5～6でおったフチを広げ、フチをおりすじに合わせておる。

谷おり ----- 　山おり ----- 　切る -----

Part1　おりがみで作れる宝石たち

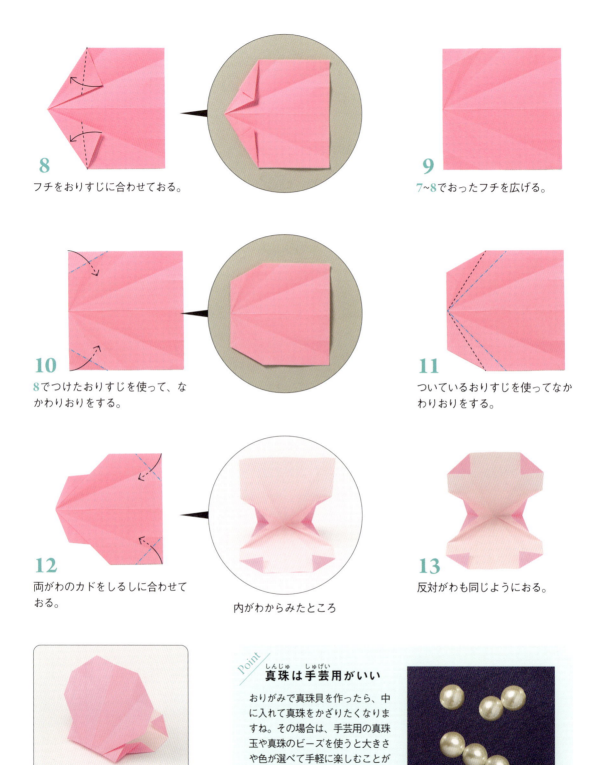

8 フチをおりすじに合わせておる。

9 7〜8でおったフチを広げる。

10 8でつけたおりすじを使って、なかわりおりをする。

11 ついているおりすじを使ってなかわりおりをする。

12 両がわのカドをしるしに合わせておる。

内がわからみたところ

13 反対がわも同じようにおる。

完成

Point 真珠は手芸用がいい

おりがみで真珠貝を作ったら、中に入れて真珠をかざりたくなりますね。その場合は、手芸用の真珠玉や真珠のビーズを使うと大きさや色が選べて手軽に楽しむことができます。100均のお店にもあるので、見てみましょう。

海の宝石たち
珊瑚(さんご)

作家：平野貴美恵

制作の難易度

用意するもの
- [ ] おりがみ（15cm角）5まい
- [ ] あつがみ（はば1.5cm・高さ15cm）1まい
- [ ] ハサミ
- [ ] のり

作品で使用しているかみ
- [ ] タント　N-54　竹尾

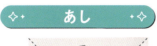

1 対角線でおりすじをつける。

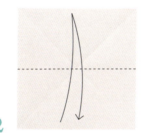

2 半分におりすじをつける。

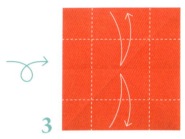

3 たて・よこ、それぞれ半分におりすじをつける。

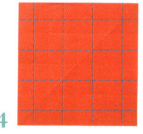

4 たて・よこ、さらに半分におりすじをつける。

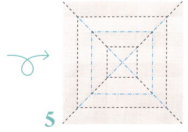

5 うらがえして、対角線におりすじをつける。

6 おりすじを使ってたたむようにおる。

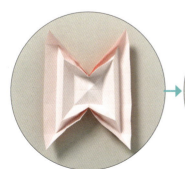

Part1　おりがみで作れる宝石たち

じく

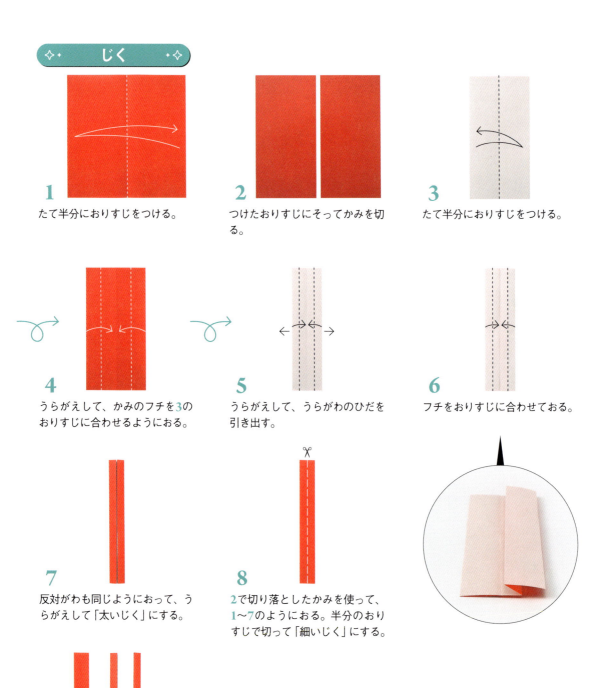

1 たて半分におりすじをつける。

2 つけたおりすじにそってかみを切る。

3 たて半分におりすじをつける。

4 うらがえして、かみのフチを**3**のおりすじに合わせるようにおる。

5 うらがえして、うらがわのひだを引き出す。

6 フチをおりすじに合わせておる。

7 反対がわも同じようにおって、うらがえして「太いじく」にする。

8 **2**で切り落としたかみを使って、**1**〜**7**のようにおる。半分のおりすじで切って「細いじく」にする。

9 「じく」のできあがり。

谷おり - - - - -　山おり - - - -　切る ━━━

えだ

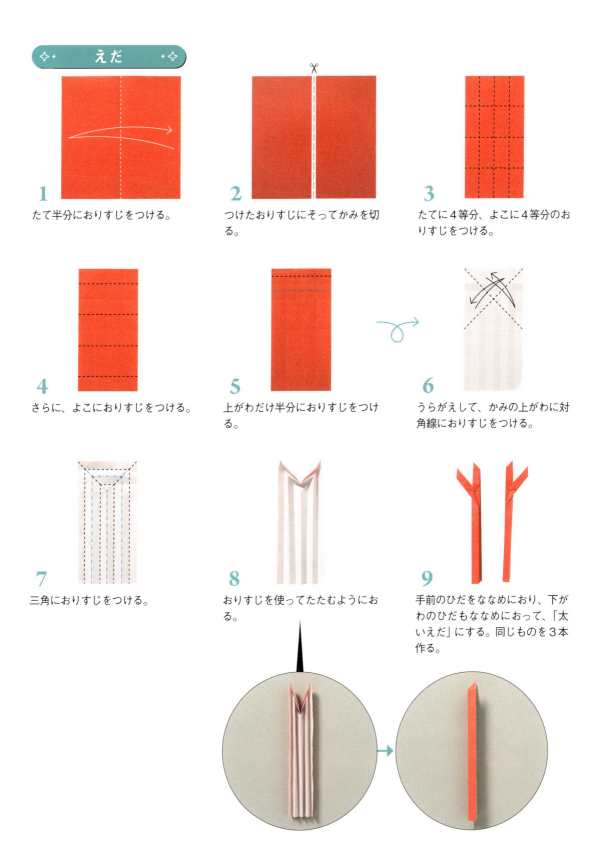

1 たて半分におりすじをつける。

2 つけたおりすじにそってかみを切る。

3 たてに4等分、よこに4等分のおりすじをつける。

4 さらに、よこにおりすじをつける。

5 上がわだけ半分におりすじをつける。

6 うらがえして、かみの上がわに対角線におりすじをつける。

7 三角におりすじをつける。

8 おりすじを使ってたたむようにおる。

9 手前のひだをななめにおり、下がわのひだもななめにおって、「太いえだ」にする。同じものを3本作る。

Part1 おりがみで作れる宝石たち 61

10
2で切り落としたのこりのかみを半分に切って7.5cm角の正方形にし、それぞれ1〜9のとおりにおって「細いえだ」にする。

11
7.5cm角の正方形1まいで2本の「細いえだ」ができる。計6まいを使って「細いえだ」を12本作る。

12
「えだ」のできあがり。

✧ 組み立て ✧

1
太いじくを中心に、細いじくと大きいえだをさしこむ。

2
バランスをみて、えだが長すぎるようなら下部を切って長さを整える。さしこんでのりづけをする。

3
小さいえだも、バランスをみながら、1、2と同じようにさしこんでのりづけをする。

4
太いじくのうらがわからあつがみをさしこむ。

5
のりがかわいたら、あしに太いじくをさしこむ。

完成

Point

色が豊富なかみ

56ページの写真で珊瑚のおりがみに使っているのは、イタリア語で〝たくさん〟という意味のある「タント（tanto）」というかみです。名前のとおり、色のバリエーションがたいへん豊富なかみなのでおすすめです。

宝石ノート #7 作った宝石について知ろう

 真珠貝　　 珊瑚

真珠(パール)
Pearl

石言葉「富」「健康」「長寿」

カラーバリエーション

ツヤ感のある、独特な光沢感と輝きを放つ真珠。貝の体内で作られる宝石です。天然で見つかるものもありますが、多くは養殖で作られます。初めて真円真珠の養殖に成功したのは日本人といわれ、現在も三重県や愛媛県、長崎県などを中心とした地域でさかんに養殖が行われています。

   　真珠貝

傷つきにくさ ★★☆☆☆☆☆
割れにくさ ★★★☆☆

 6月の誕生石

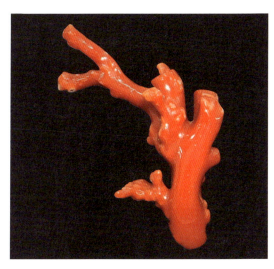

珊瑚
Coral

石言葉「幸福」「長寿」「知恵」

カラーバリエーション

サンゴ虫とよばれる生物によって作られる宝石です。地中海産のものが世界最古といわれ、多くの伝説や言い伝えが残ります。最高品質は、日本近海でとれる、血のような赤色をした「血赤珊瑚」とよばれるものです。高知県などでは伝統工芸の素材に使われるものも多いです。

傷つきにくさ ★★★☆☆☆☆
割れにくさ ★★☆☆☆

 3月の誕生石

Part1　おりがみで作れる宝石たち　63

ふつうのおりがみでも美しい宝石が作れる！

この本で紹介する作品は、ふつうのおりがみを使っても美しい宝石ができあがります。好きなかみでチャレンジしてください。

- スクエアジェム (P.19)
- ラウンドシェイプの宝石 (P.13)
- ダイヤモンドカットの宝石 (P.7)
- スターカットの宝石 (P.25)
- 金平糖カットの宝石 (P.33)
- 砂漠のバラ (P.48)

Part 2

作った宝石をかざる・使う

💎 **宝石おりがみの作り方**

小さな石がかがやく指輪 ------------ 67
ダイヤモンドの指輪 ---------------- 68
最高級カットのダイヤモンド --------- 73
光をあびる宝石のリース ------------ 74
大人なクリスタルペンダント --------- 77
ブルーウォーターペンダント --------- 79
メダルのような宝石のペンダント ----- 84
まぼろしの銀水晶 ----------------- 87
もらってうれしい宝石箱 ------------ 90

Scene 1

きらきらの指輪を楽しむ

大きなダイヤモンドがかがやく指輪と、小さな宝石がするどくかがやく指輪。おりがみなら、自分だけの指輪が作れます。だれかにプレゼントしても！

きらきらの指輪(ゆびわ)を楽しむ

小さな石がかがやく指輪(ゆびわ)

出典：TikTok 株式会社谷口松雄堂　　制作の難易度

用意するもの
☐ おりがみ（15cm角）1まい

作品で使用しているかみ
☐ 両面ホイルおりがみ　大創産業

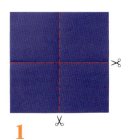

1
15cm角のかみを切って1/4の大きさにする。

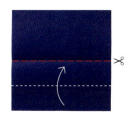

2
7.5cm角のかみをよこ半分に切り、切りはなした1まいのよこ半分におりすじをつける。

3
かみを広げて、フチをおる。

4
半分におる。

5
カドをまんなかに合わせるようにしておりすじをつける。

6
いちど広げる。

7
つけたおりすじでなかわりおりをする。

8
1/3のはばでおる。

9
反対がわも同じようにおる。

10
中心部分を広げて形を整える。

11
輪を作るようにかみをかたほうにさしこみ、丸みをつける。

完成(かんせい)

谷おり -----　山おり -・-・-　切る ———

Part2　作った宝石をかざる・使う

きらきらの指輪を楽しむ
ダイヤモンドの指輪

作品：ダイヤモンド／Sweet Paperの作品をアレンジ、リング／堀 美津季　制作の難易度

用意するもの
- [ ] おりがみ
（15cm角）2まい
（ダイヤモンドとリングに1まいずつ）

作品で使用しているかみ
- [ ] オーロラ折紙／LOORIPRO
- [ ] マットメタリック／ショウワグリム

※動画のダイヤモンドは、Sweet Paperによるオリジナル作品の作り方を紹介しています。

❖・ダイヤモンド・❖

1
15cm角のおりがみを1/3に切り、8等分のおりすじをつける。

2
さらに16等分のじゃばらおりにする。

3
右はしの中心にしるしをつける。

4
右はしのおりすじで谷おりをする。

5
3でつけたしるしを目安に45°のおりすじをつける。

6
おりすじを2つずらして右はしを谷おりする。

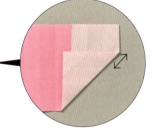

7
5と同じように45°のおりすじをつける。

8
紙の左はしまで工程**4**～**6**をくりかえす。

9 部分アップ
45°のおりすじを山おりにしながら、上部の山・谷を入れかえる。

10
カドとカドをむすぶ線でおる。反対がわも同じにおる。

11
線にそって、すべてなかわりおりをする。

68　　谷おり -----　山おり ----　切る ----

12
かみをうしろのすきまにおりこむ。反対がわも同じようにおりこむ。

13
白い部分も同じようにおりこむ。

14
かみの右はしを左はしにかぶせて の部分にのりづけをする。

15
上下さかさにして、かみのフチをまんなかによせる。

16
形を整える。

完成

> **Point**
> **先の部分の整え方**
>
> さいごに形を整えるとき、ダイヤモンドの先の部分がうまくとじられず、あながあいたように見えることがあります。その場合は、両面テープを小さく丸めてピンセットで中に入れこんでとじるとかんたんに整います。

作ったダイヤモンドを指輪にするためのリングの作り方は、次のページに進んでください。

Part2 作った宝石をかざる・使う 69

✧・リング・✧

1
15cm角のおりがみを1/4に切り、よこ半分におりすじをつける。

2
ついているおりすじに合わせておる。

3
半分のおりすじをつける。

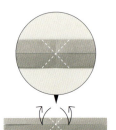

4
中心に合わせてななめにおりすじをつける。

5
〇をむすぶ線でおる。

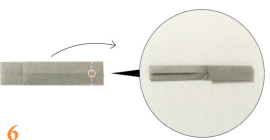

6
〇をとおる線でおり返す。

7
反対がわも同じようにだんおりにする。

8
中心に合わせて引きよせるようにおる。

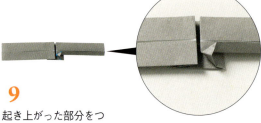

9
起き上がった部分をつぶす。

10
のこりの3カ所も同じようにおる。

11
うらがえして、半分におる。

12
なかわりおりをする。

70　　谷おり ----- 　山おり ----- 　切る -----

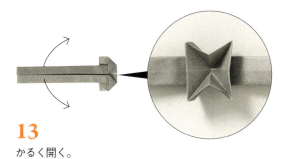

13
かるく開く。

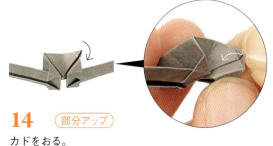

14 （部分アップ）
カドをおる。

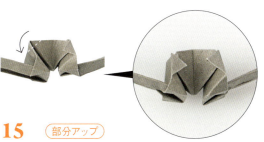

15 （部分アップ）
のこりの3カ所も同じようにおる。

16 （部分アップ）
丸めて形作る。

17
おってあるところを少し開いて反対がわを入れこむ。

完成

Point リングにダイヤモンドをつけて指輪が完成！

リングの台座部分に68ページ〜で作ったダイヤモンドを取りつけて指輪を完成させましょう。両面テープを使うとかんたんです。動画もチェックしてください。

このリングで、ほかの宝石も指輪にできます

リングの作り方と、ダイヤモンドの取りつけ方をチェック！

Scene 2

光にかざして部屋をいろどる

宝石の中までが見えるかのような、透かしおりがみを紹介します。つるしてかざったり、窓ガラスに貼ったり…。部屋がパッと明るくなる宝石おりがみです。

光にかざして部屋をいろどる
最高級カットのダイヤモンド

作家：うっとりがみ・中村香代

制作の難易度

用意するもの
- [ ] 半とうめいのおりがみ
  （15cm角、または7.5cm角）各6まい
  ※つるしてかざるなら、7.5cm角がおすすめ。
- [ ] スティックのり

作品で使用しているかみ
- [ ] ひかりとり紙
  みどり・きみどり・き／
  クラサワ

※動画では、わかりやすくするため普通のおりがみでおっています。

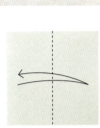

1 たて半分におりすじをつける。

2 かみのフチとおりすじを合わせておりすじをつける。

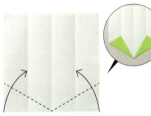

3 カドとおりすじを合わせておりすじをつける。

4 かみを広げて、カドをおりすじに合わせており、内がわをのりでとめる。

5 ついているおりすじでおり、内がわをのりでとめる。

6 同じものをあと5まい作り、それぞれ▨の部分にのりをつける。

7 75ページの台紙を使い、中心を合わせ60°ずつずらして6まいをはり合わせる。

8 点線で谷おりにして、内がわをのりでとめる。

9 点線で谷おりにして、内がわをのりでとめる。

10 点線で谷おりにして、内がわをのりでとめる。

11 点線で谷おりにして、内がわをのりでとめる。

裏　表

完成

谷おり -----　山おり ----　切る ———

Part2　作った宝石をかざる・使う

光にかざして部屋をいろどる
光をあびる宝石のリース

作家：たなかひろみ

制作の難易度

用意するもの
- 半とうめいのおりがみ
  （15cm角、または7.5cm角）各6まい
  ※つるしてかざるなら、7.5cm角がおすすめ。
- スティックのり

作品で使用しているかみ
- ひかりとり紙
  き・きみどり・みどり・あか・
  ぴんく・だいだい／
  クラサワ

※動画では、わかりやすくするため普通のおりがみでおっています。

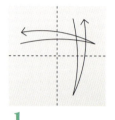

1 十字におりすじをつける。

2 2つのカドを中心に合わせておる。

3 フチとフチを合わせるようにしておる。

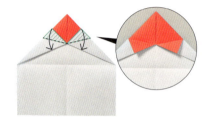

4 フチとフチを合わせるようにしており、内がわの▨部分をのりでとめる。

5 広げて、4でつけたおりすじとおりすじが合うように谷おりし、内がわの▨部分をのりでとめる。

6 ついているおりすじでおり、内がわの▨部分をのりでとめる。

7 半分のはばでおりすじをつける。

8 さらに半分のはばでおりすじをつける。

9 広げて、カドを○に合わせておる。

10 カドとカドをむすぶ線でおる。

11 ついているおりすじでおる。

12 カドと○をむすぶ線でおる。

谷おり ----- 　山おり ----- 　切る —

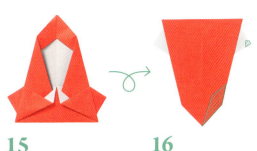

13
カドとフチが合うようにななめにおり、内がわの▨部分をのりでとめる。

14
かみを広げ、▨部分をのりでとめる。

15
同じものをあと5まい作る。

16
上下をさかさにして、2カ所の▨部分にのりをつける。

17
下の台紙を使い、中心を合わせ60°ずつずらして6まいをのりではり合わせる。

完成(かんせい)

Point
使うかみのえらび方

光にすかすと美しいもようがあらわれる『最高級カットのダイヤモンド』と『宝石のリース』。どちらも半とうめいのかみで作れます。グラシン紙やトレーシングペーパーなどを正方形に切って、すきな色で楽しみましょう。

✧ 台紙コーナー ✧

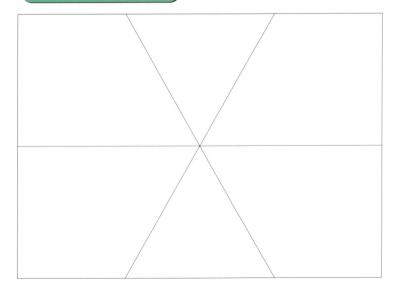

使用する台紙
この台紙を300%コピーするか、下のURLからダウンロードしてプリントしましょう。
https://sp.nihonbungeisha.co.jp/hoseki_origami/daishi.pdf

最高級カットのダイヤモンドとは？

73ページの作品名は『最高級カットのダイヤモンド』。世界一有名な宝石・ダイヤモンドは、最高級の技術でカットがほどこされると、中にハートと矢の形のもようがあらわれることが知られています（ラウンドブリリアントカットの場合）。

Part2 作った宝石をかざる・使う

Scene 3

首かざりで
ドレスアップ

お気に入りの服(ふく)でおしゃれをするときは、アクセサリーもうんとこだわりたいものですね。おりがみで作れる、すてきなペンダントを2つ紹介(しょうかい)します。

首かざりでドレスアップ
大人なクリスタルペンダント

作家：Sweet Paper　　制作の難易度 ◆◆◆◇◇

用意するもの
- おりがみ（15cm角）1まい
- のり
- ペンダント用のひも

作品で使用しているかみ
- ミランダ 黒／竹尾

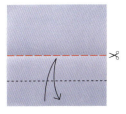

1 15cm角のかみを切って1/2の大きさにし、よこ半分におりすじをつける。

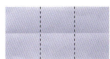

2 3等分のおりすじをつける。

3 6等分のおりすじをつける。

4 12等分のじゃばらおりにする。

5 1でつけたおりすじに合わせて、45°にしっかりおる。うしろにもおりかえして、しっかりおる。

6 5でつけたおりすじと、右のカドをむすぶおりすじをつける。

7 フチとフチを合わせておる。

8 いちど広げて、1まいめくる。

9 6と同じようにおる。

10 7と同じようにおる。9、10をさいごまでくりかえす。

11 6のおりすじと、左上のカドをむすぶおりすじをつける。

谷おり -----　山おり ----　切る ----

Part2 作った宝石をかざる・使う　77

12 フチとフチを合わせておる。

13 いちど広げて、1まいめくる。

14 1まいずつ11〜13のようにおる。

15 少し広げる。

16 5でつけた45°のおりすじを山おりにしながら、右半分のひだの山・谷を入れかえる。

17 ついている山おりのおりすじを谷おりにする。

18 ついているおりすじでおる。

19 少し広げる。

20 なかわりおりをする。

21 白い部分をうしろにおりこむ。

22 1まいずつ19〜21のようにおり、さいごまでくりかえす。

23 反対がわも同じように少し広げてなかわりおりをする。

24 白い部分をおりこむ。

25 1まいずつ23〜24のようにおり、さいごまでくりかえす。

26 ひもの両はしにむすび目を作る。

27 25の両はしを合わせるように広げる。ひものむすび目をつつむようにして、右のひだを左のひだにかぶせ、ツメを左のひだにさしこむ。のりづけをしてもよい。

完成

首かざりでドレスアップ
ブルーウォーターペンダント

作家：田中カナ子　　制作の難易度

用意するもの
- □ おりがみ（15cm角）2まい
- □ のり
- □ ペンダント用のひも

作品で使用しているかみ
- □ 宝石部分…オリエステルおりがみ・透明タイプ　青（色番008）／カクワ
- □ 台座部分…マットメタリック／ショウワグリム

◇・宝石部分・◇

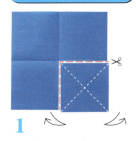

1 15cm角のかみを1/4に切って、その1まいのかみの対角線におりすじをつける。

2 四角く半分におり、おりすじをつける。

3 カドを中心に合わせておる。

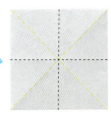

4 うらがえして、ついているおりすじでカドを1つに合わせてたたむ。

5 中心に合わせておる。

6 反対がわも同じようにおる。

7 すべて開く。

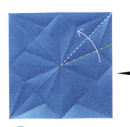

8 ついているおりすじでひきよせるようにおって、立体にする。

9 うらがえして、カドを中心に合わせておりたたむ。

次のページへ

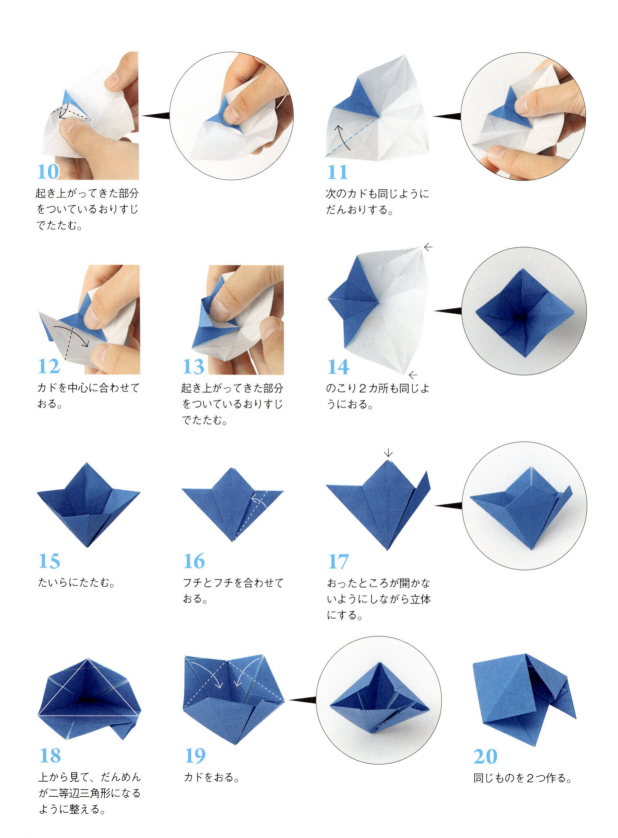

21 カドにのりをぬって、2つを組み合わせる。

22 宝石部分のできあがり。

✧ 台座 ✧

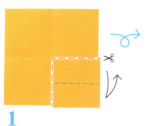

1 1/4のかみの半分におりすじをつける。

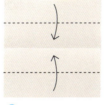

2 ついているおりすじに合わせておる。

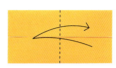

3 半分におりすじをつける。

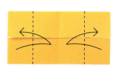

4 ついているおりすじに合わせておりすじをつける。

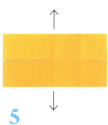

5 開く。

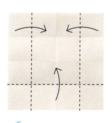

6 下のフチをついているおりすじでおってから左右を中心に合わせておる。

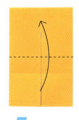

7 半分におる。

8 もどす。

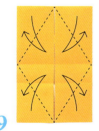

9 カドをななめにおって、おりすじをつける。

10 おりすじがしっかりついていることをたしかめる。

11 ついているおりすじでおる。

12 中心線に合わせておりかえす。

Part2 作った宝石をかざる・使う

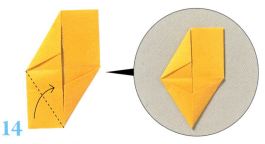

13 つけたおりすじの山・谷を入れかえてひっかける。

14 ついているおりすじでおりながらカドをしまう。

15 ひもの両はしをむすび、すきまから中に入れる。

16 ついているおりすじでおり、のりでとめる。

17 台座がしっかりできていることをたしかめる。

18 うらがえす。宝石部分の大きな面にのりをぬり、台座につける。

完成

Point
透明なかみの選び方

79ページの写真のブルーウォーターペンダントでは、宝石部分に10ページで紹介した「オリエステル」という透明なかみを使っています。1〜の手順どおりにおっていくと、場所によって2〜6枚のかみが重なり、1枚のときよりグンと濃い色に見えます。透明なかみで作るなら、最初にかみを決めるときに、このことをよく考えて選びましょう。

かみ1枚（もとのかみ）

2枚重ね　3枚重ね　4枚重ね

5枚重ね　6枚重ね

谷おり　　山おり　　切る

Scene 4

大きな宝石で ごほうび!

特大サイズの宝石が作れるのは、おりがみだからこそ。がんばった日に首にかけてあげたい、メダルのような宝石のペンダントは色えらびも楽しい時間です。

メダルのような宝石のペンダント

大きな宝石でごほうび！

作家：浅野 聖

制作の難易度

用意するもの
- □ おりがみ（15cm角）1まい
- □ ペンダント用のリボン

作品で使用しているかみ
- □ マットメタリック／ショウワグリム

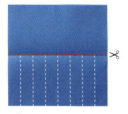

1 かみを半分に切り、たてに8等分のおりすじをつける。

2 16等分のおりすじをつける。

3 よこに3等分のおりすじをつける。

4 同じものをもう1つ作る。

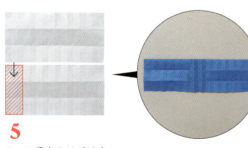

5 4マス分をのりづけする。

6 じゃばらおりをする。

7 開いて45°のおりすじをつける。

8 かみのはしで同じようにおる。

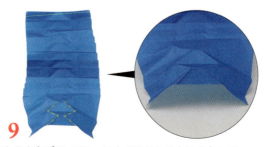

9 ゆるく広げて、**7**でつけた45°のおりすじを山おりにしながら両がわの山・谷を入れかえる。

谷おり ----- 山おり ----- 切る ---

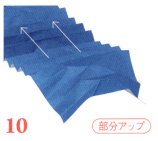

10 かみのはしまで同じようにおる。 部分アップ

11 かみを少し広げる。

12 4マス分をのりづけする。

13 両はしをはり合わせて立体にする。

14 おりすじでたたんで、上の面と下の面が円形になるように形を整える。

15 かたほうの面にリボンをはりつける。

完成

Point かみとリボンを選ぼう

このペンダントが楽しいのは、宝石やリボンの色を変えることで、それぞれちがう印象にできあがること。かみもリボンも、かけてあげる相手のことを思って自由に選んでください。パステルカラーで作るのもおすすめです。

Part2 作った宝石をかざる・使う

Scene 5

宝石おりがみで おくりもの

人気アニメのなかで月の王国の秘宝(ひほう)とされる銀水晶(ぎんすいしょう)と、開けるのが楽しみな宝石箱。おくる人も、もらう人もハッピーになれるプレゼントを作りましょう。

宝石おりがみでおくりもの
まぼろしの銀水晶（ぎんずいしょう）

作家：花／伝承、玉／堀 美津季

制作の難易度

〈 用意するもの 〉　〈 作品で使用している紙 〉

☐ おりがみ　　　☐ マットメタリック／ショウワグリム
（15cm角）2まい

✧ 花 ✧

1
対角線におりすじをつける。

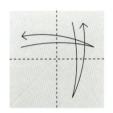

2
半分に四角くおっておりすじをつける。

3
カドを中心に合わせておる。

4
カドを中心に合わせておる。

5
カドを中心に合わせておる。

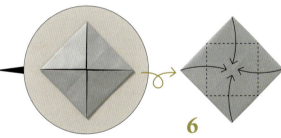

6
うらがえし、カドを中心に合わせておる。

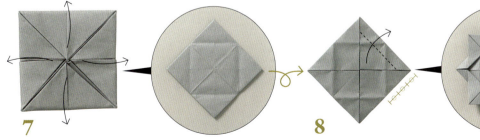

7
開く。

8
うらがえし、1/3のところでおりかえす。のこりのカドも同じようにおる。

谷おり -----　　山おり ———　　ハサミで切る ·····

Part2　作った宝石をかざる・使う　*87*

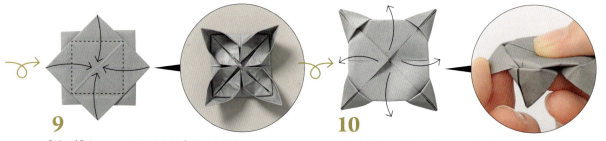

9 うらがえし、ついているおりすじでカドを中心に合わせておって、立体にする。

10 うらがえし、カドを開いてうらがえすようにおる。やぶれないように気をつけながら、花びらを作っていく。

11 4つのカドを全部 **10** と同じようにおる。

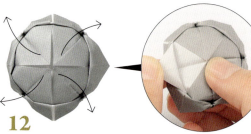

12 カドを開いてうらがえすようにおる。

13 4つのカドを全部 **10** と同じようにおる。

14 花びらの先をカールさせる。

15 花のできあがり。

✧・中央の玉・✧

1 かみを9等分に切り、そのうちの1まいを使う。

2 四角くおりすじをつける。

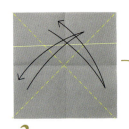

3 対角線でおりすじをつける。

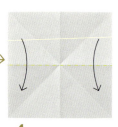

4 うらがえして、ついているおりすじでたたむ。

88　谷おり ----- 　山おり ----- 　切る -----

5 開いてつぶすようにおる。

6 のこりの3カ所も同じようにおる。

7 1まいずつめくる。

8 中心の線にフチを合わせておる。

9 のこりの3カ所も同じようにおる。

10 開いて立体にする。

11 カドを内がわにおりこむ。

12 カドを内がわにおりこむ。

13 ひっくり返して花の中央に入れる。

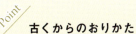
完成

> **Point**
> **古くからのおりかた**
>
> 『まぼろしの銀水晶』の外がわの花のおり方は、古くから伝えられているはす（蓮）と同じです。今となっては、最初に考えた人がだれかはわかりません。おりがみが生まれた日本では、このような作品がたくさんあります。

Part2 作った宝石をかざる・使う 89

宝石おりがみでおくりもの
もらってうれしい宝石箱

作家：Chrissy Pushkin from Paper Kawaii　　制作の難易度

用意するもの
☐ おりがみ（15cm角）3まい

作品で使用しているかみ
☐ レザック66　桜／竹尾

✧ ふた ✧

1 対角線におりすじをつける。

2 フチをおりすじの交点に合わせるようにおる。

3 おったところをもどす。

4 のこりも **2~3** と同じようにおりすじをつける。

5 フチをおりすじに合わせるようにおる。

6 おったところをもどす。

7 のこりも **5、6** と同じようにおりすじをつける。

8 フチをおりすじに合わせるようにおる。

9 おったところをもどす。

10 のこりも **8、9** と同じようにおりすじをつける。

11 フチをおりすじに合わせるようにおる。

12 おったところをもどす。

谷おり -----　山おり ―――　切る ―――

13
のこりも**11**、**12**と同じようにおりすじをつける。

14
○をむすぶ線でおりすじをつける。

15
14でつけたおりすじを使って、つまんで立体的になるようにおり、もとにもどす。

16
のこりも**14**、**15**と同じようにおりすじをつける。

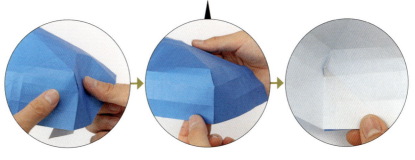

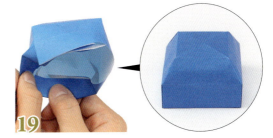

17
おりすじを使って2カ所を**15**と同じように立体におる。

18
反対がわののこりも**17**と同じようにおる。

19
おりすじを使ってフチを内がわにおりこむ。

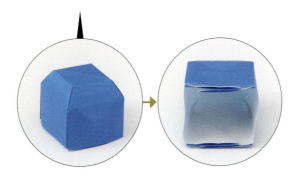

20
ふたのできあがり。

◇・内箱・◇

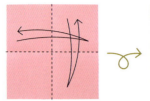

1 たて・よこ半分におりすじをつける。

2 うらがえす。

3 カドを中心に合わせておる。

4 半分の幅になるように、フチにおりすじをつける。

5 反対がわも同じようにおる。

6 向きをかえて、上下のカドを広げる。

7 両がわのヒダを上に向けてまっすぐに立てる。

8 おりすじを使ってカドを立てる。

9 そのまま立てたカドを内がわにおりこむ。

10 反対がわも**8**、**9**と同じようにおる。

11 内箱のできあがり。

◇・外箱・◇

1 対角線におりすじをつける。

2 カドを中心に合わせておる。

3 フタと同じ幅になるように両がわのヒダを上に向けてまっすぐに立てる。

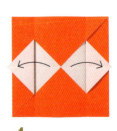

4 内がわのカドを広げながら、**3**でおったところをもどす。

92　　谷おり ----- 　山おり ----- 　切る -----

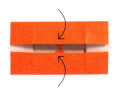
5
反対がわも3と同じようにおる。

6
おったところをすべて広げる。

7
半分のはばでおりすじをつける。

8
両がわのカドをおりすじに合わせておる。

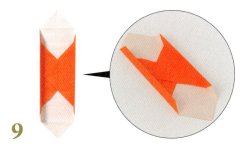
9
両がわのヒダを上に向けて立てる。

10
おりすじを使ってカドを立てる。

11
そのまま立てたカドを内がわにおりこむ。

12
反対がわも10～11と同じようにおる。

13
外箱のできあがり。

✧・組み立て・✧

1
外箱に内箱を上から重ねるようにして入れる。

2
さらにフタを上から重ねたら、完成。

Point
かみ選びが決め手

この宝石箱は、使うかみ選びがとても大切。高級感のあるかみ、かわいいタイプのかみ…で、できあがりの印象が大きく変わります。この本では、カーフのような風合いで高級感のある「レザック66」を使用しています。

Part 2　作った宝石をかざる・使う　93

この本で使っているかみのリスト

◆作品ごとに使用したかみの「名前／色名（ある場合のみ）／ブランド名、メーカー名・取扱店名」を示します。
◆見本写真がないかみ（＊）は、現在、廃版または販売停止中です。
◆この本の作品は、すべてふつうのおりがみでもおることができます。

P.6 永遠のかがやきをとじこめた宝石

【ダイヤモンドカットの宝石】
《ホログラム》オリエステルおりがみ／ホログラムタイプ／カクワ
《オレンジ》パールカラーちよがみ／大創産業
《ピンク》透明ちよがみ／大創産業

P.12 光の反射が美しい宝石

【ラウンドシェイプの宝石】
《青》パールカラーちよがみ／大創産業
《オレンジ》オリエステルおりがみ・透明タイプ／オレンジ（色番006）／カクワ
《緑》オーロラ折紙／LOORIPRO
《水色》オーロラカラーCHIYOGAMI／大創産業
《透明水色》オリエステルおりがみ・透明タイプ／水色（色番022）／カクワ

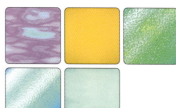

P.18 結晶感あふれるスクエアな宝石

【スクエアジェム】
《青》グラデーショングラシン紙／アクアホワイト／そ・か・な（吉田製作所）
《緑》グラデーショングラシン紙／ミストターコイズ／そ・か・な（吉田製作所）
《オレンジ》グラデーショングラシン紙／レッドオレンジ／そ・か・な（吉田製作所）

P.24 星と花、ハートの形の宝石

【さくらカットの宝石】
《3点とも》グラデーショングラシン紙／ピーチピンク／そ・か・な（吉田製作所）

【ハートカットの宝石】
《赤》1AMA4078ホイルカラーおりがみ／大創産業
《そのほかの色》グラデーションホイル／大創産業＊

【スターカットの宝石】
オーロラ折紙／LOORIPRO

P.32 中から光らせて楽しみたい宝石

【ダイヤモンドの原石】《黄》クロマティコA-FS／レモン／竹尾
《青》クラシコトレーシング-FS／うす緑／竹尾
【多面体カットの宝石】クロマティコA-FS／マンゴ／竹尾
【金平糖カットの宝石】クラシコトレーシング-FS／うす青／竹尾

P.42 いろいろな形の原石たち

【ダイヤモンドの原石】
《黄》クロマティコA-FS／レモン／竹尾
《青》クラシコトレーシング-FS／うす緑／竹尾

【アメシストの原石などの柱状結晶】
《オレンジ》オリエステルおりがみ・透明タイプ／オレンジ（色番006）／カクワ
《黒》オリエステルおりがみ・透明タイプ／黒（色番018）／カクワ
《紫》オリエステルおりがみ・透明タイプ／紫（色番012）／カクワ
《カラーレス》オリエステルおりがみ・透明タイプ／透明（色番020）／カクワ

【砂漠のバラ】
《ピンク》OKサンドカラー／とまと／竹尾
《白》OKサンドカラー／なす／竹尾

【カルサイトの原石】
《2点とも》ミランダ-FS／スノーホワイト／竹尾

P.56　海の宝石たち

【珊瑚】《赤》タント／N-54／竹尾
《ピンク》タント／L-53／竹尾
【真珠貝】《2点とも》ペルーラ／ホワイト／竹尾

P.66　きらきらの指輪を楽しむ

【ダイヤモンドの指輪】
《ピンク》《緑》《オレンジ》《白》オーロラ折紙／LOORIPRO
《リング》マットメタリック／銀／ショウワグリム＊

【小さな石がかがやく指輪】
《青》両面ホイルおりがみ／大創産業
《紺》創作おりがみ／トーヨー
《オレンジ》両面マットメタリック／ショウワグリム＊

P.72　光にかざして部屋をいろどる

【最高級カットのダイヤモンド】
《緑》ひかりとり紙／3色（みどり・きみどり・き）／クラサワ
《ピンク》ひかりとり紙／3色（ぴんく・だいだい・き）／クラサワ

【光をあびる宝石のリース】
《タイプ1》ひかりとり紙／6色（き・きみどり・みどり・あか・ぴんく・だいだい）／クラサワ
《タイプ2》ひかりとり紙／3色（みどり・きみどり・あか）／クラサワ

P.76　首かざりでドレスアップ

【大人なクリスタルペンダント】
ミランダ／黒／竹尾

【ブルーウォーターペンダント】
《宝石部分》オリエステルおりがみ・透明タイプ／青（色番008）／カクワ
《台座》マットメタリック／ショウワグリム＊

P.83　大きな宝石でごほうび！

【メダルのような宝石ペンダント】
《赤》ホイルおりがみ／大創産業
《青》ホイルおりがみ／大創産業
《緑》《金》《銀》
マットメタリック／ショウワグリム＊

P.86　宝石おりがみでおくりもの

【まぼろしの銀水晶】
マットメタリック／ショウワグリム＊

【もらってうれしい宝石箱】
《青》レザック66／あさぎ／竹尾
《ピンク》レザック66／桜／竹尾

おりがみ以外のかみを使う場合には、連量100kg（四六判）以下の厚さのかみが適しています。詳しくは、お店にお問い合わせください。

※2024年10月時点の情報です。
※かみは、予告なく変更されたり、廃版・販売停止になることがあります。

宝石監修　**KARATZ**

国内最大級の宝石情報メディア『KARATZ Gem Magazine』をはじめ、宝石通販サイトの運営、GIAや国際宝飾店での講演、子供向け宝石講座を開催するなど、宝石の魅力を広める幅広い活動を行っている。著書に『宝石図鑑』（日本文芸社刊）、『小さな宝石の本』（リベラル社）がある。

KARATZ Gem Magazine：https://karatz.jp/

協力　**東京大学折紙サークル・Orist**

2008年に東京大学の学生を中心に設立された学際的折り紙サークル。現在は東京大学以外の学生も多く参加し、折り紙の創作、研究、展示などを主な活動としている。設立直後に提案したトイレットペーパー折り紙が話題を呼ぶ。著書も多数。

HP: https://orist.tiyogami.com/about.html

制作
FILE Publications, inc.

デザイン
佐々木恵実（株式会社ダグハウス）

撮影
天野憲仁（株式会社日本文芸社）

折り方実演・原稿
堀 美津季、林 清人、相澤 真、淺野 聖（Orist）

宝石写真提供
KARATZ

監修協力
彦坂真理（KARATZ Gem Magazine編集部）

編集
駒崎さかえ（FPI）、安達智樹、伊武よう子、志村京子

画像レタッチ
晴VISION

校正
浅井 薫

※さくらインカット™、180面体桔梗カット™は株式会社シミズ貴石の登録商標です。
※甲州貴石切子™は株式会社シミズ貴石、およびジュエリークラフトフカサワの登録商標です。

宝石おりがみ

2024年12月20日　第1刷発行
2025年 3 月 1 日　第3刷発行

監　修　　KARATZ（カラッツ）
編　者　　日本文芸社
発行者　　竹村 響
印刷所　　株式会社光邦
製本所　　株式会社光邦
発行所　　株式会社 日本文芸社
　　　　　〒100-0003　東京都千代田区一ツ橋1-1-1 パレスサイドビル8F
　　　　　（編集担当：牧野）

Printed in Japan　112241213-112250218 Ⓝ 03 (121013)
ISBN978-4-537-22259-3
ⒸNIHONBUNGEISHA 2024

印刷物のため、写真の色は実際と違って見えることがあります。ご了承ください。法律で認められた場合を除いて、本書からの複写、転載（電子化を含む）は禁じられています。また代行業者等の第三者による電子データ化および電子書籍化は、いかなる場合も認められていません。

※QRコードがリンクする動画は、予告なく終了、または変更される場合があります。
※QRコードは、株式会社デンソーウエーブの登録商標です。

乱丁・落丁などの不良品、内容に関するお問い合わせは、
小社ウェブサイトお問い合わせフォームまでお願いいたします。
ウェブサイト　　https：//www.nihonbungeisha.co.jp/